自主思维赋能发展研究

黄勇 著

东南大学出版社
SOUTHEAST UNIVERSITY PRESS
·南京·

图书在版编目(CIP)数据

自主思维赋能发展研究 / 黄勇著. —— 南京：东南大学出版社，2021.12
 ISBN 978-7-5766-0039-1

 Ⅰ.①自… Ⅱ.①黄… Ⅲ.①中小学教育-教育研究 Ⅳ.①G632.0

中国版本图书馆 CIP 数据核字(2021)第 278824 号

责任编辑：罗 杰　责任校对：子雪莲　封面设计：毕 真　责任印制：周荣虎

自主思维赋能发展研究　Zizhu Siwei Funeng Fazhan Yanjiu

著　者	黄勇
出版发行	东南大学出版社
社　址	南京市四牌楼 2 号(邮编：210096　电话：025-83793330)
经　销	全国各地新华书店
印　刷	南京京新印刷有限公司
开　本	700mm×1000mm　1/16
印　张	11.75
字　数	230 千字
版　次	2021 年 12 月第 1 版
印　次	2021 年 12 月第 1 次印刷
书　号	ISBN 978-7-5766-0039-1
定　价	49.00 元

本社图书若有印装质量问题，请直接与营销部联系，电话：025-83791830。

PREFACE 前言

语文是什么？教育是什么？语文教师在教什么？学校又是一种怎样的存在？素质教育和应试教育如何取舍或侧重？有人做了一辈子语文教师，直至退休，依然困惑，依然不断追问自己。教育是一种不知不觉的唤醒，一朵云推动另一朵云，一棵树摇动另一棵树，一个心灵影响另一个心灵……权衡下来，始终觉得自主思维是唤醒自己的内核，是唤醒别人的内核，也是被唤醒的内核。

为什么义务教育阶段的后进生那样多？为什么后进的孩子的状态那样差？为什么不少人焦虑的程度那样严重？为什么国家"双减"的力度那样大？为什么众多学校、家庭面对教育新生态那样措手不及和手忙脚乱？……诸多始料不及的情况和变革催生着更多的思辨、决策和实践。

何为自主思维？是指人在面对事物的时候，拥有主动的目的，形成主动想法，在自主意识主导下，人脑对客观世界进行描绘整合、加工提炼的自发自觉的思维样式。它有别于被动的、客观的、机械的其他思维样式。思考问题时，如果不能自主思维，内容就会被限定，过程就会死板，结果便会单一僵化，哪里还会有什么辩证性和创造性可言？

自主思维的理性剖析和深刻解读需要智慧以及主

动性意识的生成。自主思维的确立和提高定然影响人的心灵发展和心智成长，甚至影响人的一辈子。这是自我界定和认识的再发展，是人生的关键。认识好了，事事可为且淡然；否则就会凌乱不堪，甚至无比被动，更谈不上成功。应对好了，则"虎虎生威，生龙活虎"，"多善可陈"。弄清楚我是谁、我从哪里来、我到哪里去的永恒哲学命题，尤其是不断的、反复的过程性思考，自主发展就会轻松很多。

发展是硬道理。人们对如何发展"内核版本"的问题，关注很多，给出的答案也很多，包括主观因素和客观因素的互动影响，主体和主导的辩证定位。语文素养提升如此，教师个体成长如此，治校理事如此，为学上进如此，心性成长亦是如此。学校要发展，就要立足于文化氛围、管理范式、内涵项目、课程建构、班级设计、学科品牌、素养提升等，从宏观到微观，从教师到学生，从学校到家长，和谐发力，团队作为，在积极实践中立体发展，才会呈现灵动活跃的新生态、新样貌、新希望。

实践是检验真理的唯一标准。实践是什么？于学校、学科、教学而言，关键是怎么做。再高屋建瓴的思想，到了学校，也必须接地气，必须有切实可行的方法和思路才行。所以在这里，我们聚焦在实践层面的操作，尤其是在自主思维指导下的学校执行，有语文学科自主学习的操作，有课堂教学管理的操作，有班级文化氛围的营造，有学校办学思路的操作，有课题研究的操作，有项目构建的操作……如何成为好教师？如何成为名学校？不仅仅是要规划得好，计划得妙，关键是方法要对、操作要准、执行要强。关键是在寻常工作中，融入智慧的点点滴滴，融入自主思维的多元考量。如此，方能更好地接地气，更好地为大家接受，更好地赋能学校发展的方方面面。从多维度入手，从多角度着眼，用现象思维去观察，用建构思维去谋划，让自主意识融入操作的各个细节。以自主思维为主基调，确立自主意识，养成自主习惯，加强自主阅读，提高自主能力。

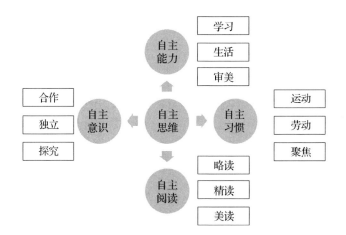

  近三十年的语文教学生涯,十多年的校长管理经历,我承载了一线管理与育人的压力和困顿,见证了从应试教育到素质教育的沧桑,感受了课程改革到"双减提质"的变迁,领悟到了宁静致远的人生态度和境界。自主思维在每个人的成长和发展中是不可置疑的存在,而且在不可或缺中塑造出了诸多的可能和奇迹。坚守者永恒的确定是理想化和模式化的信念定格。立德树人是教育人的恒久执着和确信:立文明德行,树自主人生,赋能师生与学校发展的融洽世界,矢志不渝的是教书育人的坚定信念和情怀。

  后疫情时代,用自主思维谋划教育新生态,在动态思辨中前行,无论"阴晴圆缺"的过往,不在乎成功失败的考量,忘却悲剧喜剧的煎熬,直面教育新生态的生成和考验。没有最好只有更好,让心灵滋养摆渡思想波动的精髓,灵魂工程师的觉悟再出发,借梦想启迪智慧——点燃生命火花,燃情教育人生,燎原江洲星火……

全林
辛丑六月廿六日寅时于六朝古都百草园

目录 CONTENTS

赋能学校管理篇 ……………………………………… 003
  一、项目页 ……………………………………… 003
  二、课题页 ……………………………………… 014
  三、课程页 ……………………………………… 018

赋能课堂教学篇 ……………………………………… 032
  一、融课页 ……………………………………… 032
  二、范例页 ……………………………………… 066

赋能阅读养成篇 ……………………………………… 073
  一、习惯页 ……………………………………… 073
  二、能力页 ……………………………………… 082

赋能文化建构篇 ……………………………………… 098
  一、学校页 ……………………………………… 098
  二、班级页 ……………………………………… 114

赋能文学创作篇 ……………………………………… 124
  一、随笔页 ……………………………………… 124
  二、日记页 ……………………………………… 133
  三、诗歌页 ……………………………………… 145

赋能作文升格篇 ……………………………………… 149
  一、技巧页 ……………………………………… 149
  二、高分页 ……………………………………… 153

赋能应试策略篇 ……………………………………… 158
  一、阅读页 ……………………………………… 158
  二、写作页 ……………………………………… 162
  三、作业页 ……………………………………… 165
  四、方法页 ……………………………………… 170

后　记 ……………………………………………… 173

何为自主思维？自主思维是人脑主动对客观事物进行分析和概括，揭示客观事物的本质属性和内在联系的过程。为什么要强调自主思维？因为面对当下的"双减"背景，如何让"双减"工作落到实处，如何让广大师生、家长、学校从焦虑中顺心地走出来，考量着每个教育人的智慧和能力。而"提质"的要求显然是很高的，尤其是在"双减"诸多政策落地之后。自主思维到底能不能起到实际的作用？对于学校、教师、学生能在哪些方面予以帮助？能不能实现师生、学校发展的"自省、自觉、自发、自信、自悟"等五个维度的突破和赋能呢？能不能实现语文学科教学的高质高效发展？这些问题考量着教育人的教学智慧和教学艺术。

赋能学校管理篇

"双减"之下,面对各种焦虑,学校如何重塑品牌形象,如何获取更多关注和赞誉,考量着每所学校核心团队自主思维能力水平。如何让学校管理更规范、更轻松、更上层次,确实发人深省。学校管理绝不是不出问题,更不是按部就班,而是如何出彩、如何出业绩、如何出口碑。

学校管理需从三个层面考虑:自主定位,挖掘自身潜质和资源,项目化。再以课题为思路和载体,自然能产生更多的管理艺术和校园魅力,何况还有极富学校个性特色的多级课程设置为支撑呢。当然,这三个层面的设计都不是三言两语就能叙述的,需要完整的构思才行。

一、项目页

解读学校自身的历史,挖掘当下,不妨自主构建以"项目"建设来树立学校品牌,将此融入办学的各个环节。扬中市联合中学的国防教育项目就是很好的范例,在这个项目中,所有国防装备——飞机、坦克、火炮、军舰……都是国产的,为自主自信、民族自信找到了最好的诠释:以国防教育"修身立学济天下"。

国防教育是建设和巩固国防的基础,是增强民族凝聚力、提高全民素质的重要途径和有效手段。学校国防教育是全民国防教育的基础,国防素养和国防意识是青少年健康成长、服务社会和报效国家的基本素质,事关民族凝聚力、国家竞争力和全社会安危。因此加强学校国防教育,始终是党中央、国务院和中央军委高度重视的一个战略问题。由此可见,国防教育是学校立德树人工作不可或缺的内容,更是新时代学校文化建设的重要亮点之一。

(一)翻开历史,透视当下,为国防教育"寻源立根定远"

1. 国防教育文化为培养学生国防素养提供资源载体

扬中市联合中学(下文简称"联中")创建于1960年,是一所绿意盎然的现代化初级中学。学校曾先后获"全国课改实验先进学校""江苏省绿色学校""江苏省校园诗教先进单位""镇江市数字化校园""镇江市社团建设先进学校"等荣誉称号。

从学校定位及特点出发,学校重视校园自然环境的规划和建设,努力创造有本校国防教育特色的校园物质文化。在校风"爱国爱善、日进日新"、校训"求真崇善、自强奋进"的映衬下,教学楼墙壁显得更具灵动性;在文化长廊上,各班设立了"为善墙",这推动了学校"学雷锋"活动的常态化发展;杰出校友宣传栏,尤以72届校友殷方龙(上将,2016年2月出任中国人民解放军中部战区政治委员)为最。用榜样的力量激励联中学子前行,大力弘扬爱国主义教育主旋律。

2018年搬至新校区,学校投资新建了国防教育馆,为学生增强国防观念、提高国防综合素养提供了丰富的教育资源,陶冶了学生的爱国情操。

2. 国防教育实践为培养学生国防素养提供活动载体

联合中学在长期的办学历程中,围绕"建国防教育基地,做科技教育特色,树大国情怀人才"的办学目标,基于学生发展的特点,以基础性课程为基础,以社团活动为载体,以实践活动为突破口,寻求提升学生国防素养和培育学生家国情怀的结合点。以开展丰富多彩的国防教育主题化、系列化活动为推力,构建了国防教育活动课程体系。七年级以"国防常识教育"为主,八年级以"爱国主义革命英雄主义教育"为主,九年级以"国防权利与义务教育"为主,开发国防教育校本课程,让国防教育成为提升常规管理、推进素质教育、促进特色发展的有力抓手,进而塑造学校新形象,引领学校新发展。

3. 国防教育成果为培养学生国防素养"引水添薪"

建校以来,学校始终坚持"以质立校、以德兴校、特色强校"的办学方向。经过多年的努力,取得了良好的办学效益和社会声誉,学校连续两年承办扬中市中小学德育专题现场会,先后获得"国家重点课题实验学校""江苏省示范初中""江苏省实施教育现代化工程示范初中""镇江德育课程实验基地""镇江市中小学学生行为规范示范学校"等荣誉称号;"为善"爱心社团被评为镇江市中小学双百优秀社团;镇江市级课题"对中学雷锋活动常态化的机制研究"已结题。国防教育"春风化雨,润物无声",学校朱梦飞同学被空军青少年航校录取,并考取南京师范大学附属中学。《我送亲人过大江》获镇江市中学生文艺汇演一等奖。

丰富学校国家安全教育和国防教育内容,创新教育形式,继续推动国防教育特色学校建设,提高国防教育成效。另外,我国新一轮基础教育课程改革也赋予了课程新的价值。课程的价值主要体现在课程对学习者个体成长和社会发展需要的满足上。

(二) 设计顶层,锁住目标,为国防教育立项"提格开道"

1. 立提升工程项目

2017年1月发布的《国家教育事业发展"十三五"规划》指出,要提高学生综合国防素质,将国防教育纳入国民教育体系,充分发挥国防教育的综合育人功能。国防教育在新课程理念和实践的架构中,均得到了前所未有的重视和彰显。

校本课程的开发与利用也越来越受到关注,不同的课程价值观决定着不同的课程价值取向。因此,学校充分挖掘本地本校的德育资源优势,在"求真崇善、自强奋进"的校训和"建国防教育基地,做科技教育特色,树大国情怀人才"的办学目标激励下,坚持"用军人的意志鼓舞学生的斗志,用军人的精神鞭策学生的成长,用军人的英姿规范学生的举止,用军人的榜样激励学生的发展"。为此,学校提出了"以国防教育修身立学济天下"的中学生品格提升工程项目。

2. 提品格内涵内容

围绕办学目标,我们提出培养学生坚韧、求真、崇善的品格,提升学生国防素养,培养学生家国情怀。国防素养主要是指学生在学习和生活中掌握基本的国防知识、增强国防意识、自觉履行国防义务的综合素养。学生不仅要了解国防基础知识,树立正确的国防观念,增进对现代国防和国际形势的认识,而且要掌握基本防卫技能及具体的实践行动能力,提高身体素质,锻造强健的体魄。同时,学校还注重激发学生关心、支持、参与国防建设的积极态度和责任感;弘扬爱国主义、集体主义和革命英雄主义精神,培养学生家国情怀。这也与我省中小学生品格提升工程落实立德树人的根本任务和以学生品格锤炼与核心素养的全面养成为目标是一致的。

3. 开资源来源渠道

在原有建设基础上,充分利用本地资源和校情优势,通过多种渠道和方式向学生展示,使学生得到教育、训练和提高。将自然资源、社会资源、课程资源结合起来,让学生在潜移默化中提高自身的国防素养,得到全面发展。

(三)立体打造,着眼课程,使国防教育落地生根惠人

1. 大环境丰富国防教育内容

(1) 立体营造国防文化氛围

学校环境是一部无字的教科书,无声地散发着育人的魅力,而只有赋予物化的校园以浓厚的人文精神,校园文化才具有个性和生命,才具有感染人、教育人的力量。

学校层面:充分挖掘教育资源,时间上以史为轴,空间上以功能划分,建设国防教育馆,利用物化载体构建创新德育环境,让学生在优美与雅静的环境中感受国防文化的气息。

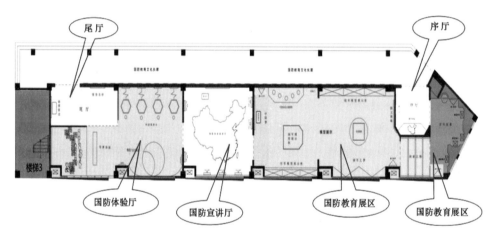

图1 扬中市联合中学国防教育馆结构

国防教育馆主要分为五个展区:序厅、国防教育展区、国防宣讲厅、国防体验厅、尾厅。在国防教育展区,利用多媒体向学生呈现我国百年沧桑、探索之路、强国之路的发展史以及现代军事武器模型。在国防宣讲厅播放国防教育片,学生观看国防影片。在国防体验厅,向学生提供关于视觉、听觉、触觉等的感官模拟,展示深奥的理论知识与国防装备技术,并让学生身临其境,感受国防装备的魅力,增强学生的民族自豪感。

国防教育馆设计的主旨在于:

①成为青少年国防教育、体验基地,使青少年走进中国近现代史、学习国防知识、体验国防科技、树立爱国意识、立志报效国家;

②面向全市青少年宣传国防科技、法律知识,让青少年了解我们国家曾经的

沧桑及今日的强大；

③引导青少年思考我国曾经落后挨打的原因，同时了解今日幸福生活的来之不易；

④让青少年明白国家富强与每一个人息息相关，只有努力学习，才可以报效祖国，才能让中华民族有尊严地屹立于世界；

⑤从海、陆、空、火箭军几个方面设计体验展项，让青少年亲身体验模拟展项，了解每个军种的工作性质及承担的国防责任；

⑥介绍扬中的九位本土将军，让青少年从身边的榜样入手，树立报效祖国的理想和信念。

国防教育馆廊道上开设了"国防书架"，书架上整齐地摆放着各类军事书籍，有中国从古到今的军事家系列传记，有《孙子兵法》之类的兵法论著，还有军事文学作品等。校园广播之声有《军事天下》专题节目，给学生播报军事方面最前沿资讯。校食堂门口有多媒体显示屏，让学生在就餐时也能随时了解国防资讯，实现"风声雨声读书声声声入耳，家事国事天下事事事关心"的目的。

班级层面：每个班级都有国防文化图书角，学生将家里闲置的关于国防知识的、科技的、法律的图书带到班级，与本班学生分享、交流。另外，每个班级都有展示班级自主选择的国防美术特色作品的展览区，每一面墙壁都成为学生自我展示的平台，并且可以随时更新。

（2）团队文化助推国防文化践行

建设和谐校园是构建社会主义和谐社会的主要内容之一。新形势下，坚持以学生为本应是构建和谐校园的出发点和落脚点。而校园文化体现了一所学校的风气与传统、办学理念及精神。

为了让更多的学生参与到国防文化建设的团队中来，学校在班级文化建设方面采取措施：各班级在自主讨论的基础上充分发挥每个学生的智慧，形成以强健、坚韧、善良等品质为目标的班级公约、班级口号；构建成长营、学习排、成长班、小战士等层次的学生管理网络，努力让班级成为有竞争力有凝聚力的班集体。

（3）校外资源助力国防文化拓展

国防实践基地：扬中市国防园、扬中市人武部、新坝渡江文化园、八桥中学的新四军会师纪念碑、南京航空航天大学等。学校不断拓展校外实践空间，带领学生前往扬中市国防园、新坝渡江文化园等社会实践基地开展丰富多彩的活动。诚邀城管中队的人员做我们的军训辅导教师,专门开设车模社团,尤其是无人机航模社团等,让学生在集体实践活动中,展现自己。

2. 多课程升华国防教育内涵

1) 课程设计

2001年4月28日第九届全国人民代表大会常务委员会第二十一次会议通过中华人民共和国主席令(第五十二号)发布的《中华人民共和国国防教育法》中指出:国家通过开展国防教育,使公民增强国防观念,掌握基本的国防知识,学习必要的军事技能,激发爱国热情,自觉履行国防义务。

据此,学校设计了国防教育课程,结构如下图所示:

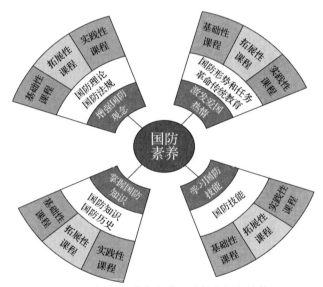

图2 扬中市联合中学国防教育课程结构

学校开发的国防教育课程,如下表所示:

表1 扬中市联合中学的国防教育课程

国防教育内容	课程类别		
	基础性课程	拓展性课程	实践性课程
增强国防观念	政治、历史	国防理论、国防法规、时事新闻、大国关系及《东京审判》等影视鉴赏	驻镇部队体验,参观南京大屠杀纪念馆、国防园等

续表

国防教育内容	课程类别		
	基础性课程	拓展性课程	实践性课程
掌握国防知识	政治、历史	中共党史、解放军史、中国近现代国防史、军事常识	走进博物馆,参观南京航空航天大学、扬中人武部等
学习国防技能	体育、数学、物理、化学、生物、信息	军训、科学实验、STEM探索、中国科技史、科技创新	学军周活动、军事夏令营、户外拓展体验、体育节、综合实践体验
激发爱国热情	语文、英语、政治、历史、地理	历代爱国诗人名篇赏析,军事名人介绍,爱国歌曲、影视作品赏析,我的学习我做主,生涯规划	主题班会、各类仪式、校园诗词会、读书节、学生文学书画作品展、各类志愿者、学生自主管理委员会、走访敬老院、社会公益活动

2) 课程实施

基础性课程侧重于在国家课程中整合、渗透实施。拓展性课程依托校本课程实施。实践性课程侧重于在项目学习、社会实践活动中实施。实施方案如下表所示:

表 2　扬中市联合中学国防教育实施方案

课程类别	基础性课程	拓展性课程	实践性课程
实施策略	在国家课程中整合、渗透实施	在校本课程中实施	在项目学习、社会实践中实施
学习要求	按照国家课程计划	3年内针对培养目标的4个要点至少选修1门课程	初一、初二年级2年内完成4个项目学习;全体学生每学期至少参加1次社会实践,每个寒暑假完成1项实践体验活动
课时安排	按照国家课程计划	每周1课时	项目学习每周1课时;学期社会实践4课时;寒暑假体验各1周,计4周
评　价	按照国家课程标准	依据社团活动课程标准	依据综合实践课程标准

（1）基础性课程侧重于在国家课程中整合、渗透实施

为了有效地渗透国防教育内容，我们明确要求，各学科教师要善于发掘和利用教材中的国防教育元素，力求按教材内容、教学特点，有意识地把国防教育渗透到各科教学中去，以达到潜移默化的效果。

在基础课程教学中，力求探索教学的"整合渗透"，在整合过程中主要考虑以下因素：

①教学目标的整合。在各学科中把国防素养的培养纳入育人目标中。

②教学内容的整合。在学科教学的相关环节展示国防教育资源，在内容中强化国防知识。

如在语文教学中，学习文中英雄人物形象，让学生从生动的人物形象中感受英雄的精神风貌和高尚的人格品质；在中学英语教学过程中进行中西方文化的对比，加入中国元素，渗透国防教育，让学生在英语课堂上领略到中国传统文化的博大精深，提升民族自尊心和自豪感，更加坚定热爱祖国和保卫祖国的决心，自然也就在潜移默化中接受了国防教育；在道德与法治课教学中，突出爱党、爱国、爱军、爱社会主义的教育，注意介绍国际、国内的重大形势及其变化；在地理课教学中，融进领土、主权、疆域等内容，使学生了解到我们伟大祖国疆域辽阔、山河壮丽、资源丰富，从而激发学生的爱国主义情感；在历史课教学中渗透国防历史，讲述我国近代史上有国无防的屈辱史，讲述中国人民解放军的成长壮大史，增强青年爱国、爱军、保卫祖国、建设"四化"的责任感；在数、理、化、生等学科中，注意宣传科学技术在国防事业中的应用，介绍现代战争中的国防知识，坚定学生现在学好文化，将来保卫中华、建设"四化"的信念；在体育课教学中，按照解放军的三大纪律要求，强化队列训练，组织国防综合演练，使学生学会在遭受核、化、生武器袭击时采用正确的防护措施，加强体育锻炼，增强体质，以适应未来建设国家的需要。

（2）拓展性课程侧重于在校本课程中实施

①制定国防教育校本课程

当代中学生处在改革开放和发展社会主义市场经济的时代变革中，其身心发展具有这个时代的新特征。思想课教学必须适应学生身心发展的时代特点，密切联系实际，进行有效的教育引导，为其成为"四有新人"打下牢固的思想基础。

根据学生身心发展的特点，设置阶段性学习目标，有序进行国防教育。七年级以"国防常识教育"为主，使学生储备必要的和基础性的国防知识；八年级以"爱

国主义革命英雄主义教育"为主,促进学生国防意识和国防精神的强化和巩固;九年级以"国防权利与义务教育"为主,使学生自觉履行国防义务,增强义务感,掌握基本技能,担负起保家卫国的神圣职责。

②校本课程社团化

以社团活动为载体,拓展促进学生多元化、个性化发展的国防教育活动。为此,学校成立了军迷世界社团、无人机社团、国防馆导游社团、影视社团,开设了每周一节课的模拟沙盘实战课程。将国防教育渗透到生动有趣的学生社团活动中去,让学生在社团活动中增强了对国防知识的探索欲,成为军迷而非"军谜"。

(3)实践性课程侧重于在系列活动中实施

在学校的人才质量工程建设中,国防教育的地位和作用越来越凸显,教育实践也取得了丰硕的成果,引起了各级教育主管部门的普遍重视,使国防教育走上了法制化、规范化的轨道。然而,受教学时间、条件、场地、师资力量、思想认识等各种因素的制约,国防教育的发展还不平衡,许多学校的国防教育只有一时的轰轰烈烈,没有长远的社会效益,教育成果得不到巩固,距离教学大纲规定的教学目标还有一定的差距。

积极地进行实践活动,坚持不懈地进行实践活动,于学生,于学校,必然是大有裨益的事情。

①军训活动是进行爱国主义、集体主义教育的有效载体。学校历来非常重视学生的军训工作,全校各年级每学期至少开展一次军训,把组织学生军训和开展国防教育工作作为学校谋发展、求提高、强素质及加强国防后备力量建设的重要环节,坚持把学生军训工作摆上学校工作的议事日程,纳入学校统一规划。为切实做好学生军训工作,学校学生发展中心根据实际情况制定了"军政训练计划""军训期间作息时间表""军训会操比赛评选办法"等,将各项工作贯穿于活动的始终。

一是抓好宣传发动工作。达到宣传发动到位,活动深入人心,全员积极参与的效果。二是抓好训练质量工作。军训期间,学校开展攀爬、队列队形、匍匐前行、拉练等活动,严格要求,严格管理,使参训学生始终处在领导之中、管理之中、组织之中、活动之中,做到一日生活条令化、连队化。三是抓好总结表彰工作。给会操表演优秀班级颁发奖状,大大激发了大家争先创优的意识,促进了学校国防教育工作的深入开展。

②开展特色学军活动。学校每学期安排学军周,每周有学军日,每日有学军岗。要求每一位学生在校期间都要积极参与学校的"八个一"活动,即每个学生都要学唱一首军歌,写一篇军训日记,看一场战斗故事片,讲一个战斗故事,听一场国防讲座(学校曾特邀徐夕龙老校长为全校师生进行"国防教育"专题宣讲),参加一次军体游戏或军训活动,参观一次国防教育基地,开展一次"爱军"班团队活动。

③持之以恒开展"学雷锋"爱心活动。自 2012 年以来,学校以镇江市级课题"对中学雷锋活动常态化的机制研究"为抓手,开展小橘灯志愿活动、"我身边的雷锋"系列征文演讲活动、"我们的榜样"主题班会、雷锋日记、爱心跳蚤市场等活动,并形成常态化机制。

④开展"少年向上,真善美伴我行""纪念抗战胜利"等有关主题班会。

⑤举行体育节、读书演讲、知识竞赛等活动。

⑥进行法制教育、防震防灾演练、拉练、军事夏令营等实践活动。

在主题化、系列化活动中,学生将国防素养和国防精神做到内化于心、外化于行。

3. 多元评价助推国防教育发展

哈佛大学教授、发展心理学家霍华德·加德纳在对人类认知能力的发展进行了多年的研究之后,于 1983 年在其《智能的结构》(*Frames of Mind*)一书中首次提出多元智能理论,这一理论向评估学生智能的传统观念提出了挑战。他突破了传统智能理论所依据的两个基本假设:人类的认知是一元的;采用单一的、可量化的智能概念即可以对个体进行恰当的描述。加德纳将人类智能定义为:在实际生活中解决所面临的实际问题的能力;提出并解决新问题的能力;对自己所属文化提供有价值的创造和服务的能力。

学生个体之间存在智能差异,这就要求教学要以最大限度的个别化方式来进行,即提倡个性化教学。在教育中考虑学生个人的强项,使用不同的教材或手段,使每一个学生都有学会教学内容的机会,让学生有机会将学到的内容向他人展示,使学生的全部智能都得到最大限度的发展。认真地对待学生的个别差异正是多元智能理论的核心。

为了提升学生的国防素养,为国防教育的落地生根保驾护航,学校改变传统观念,以生为本,建立发展性多元评价体系:

以生为本的评价原则:每个学生都是鲜活的个体,是正在发展中的人,因此评价时要关注每个个体的发展,尊重差异,注重开发每个学生的主体性,促进个体价值的实现。

明确具体的评价要求:依据学校国防教育课程,围绕国防观念、国防知识、国防技能、家国情怀四大板块提出具体可操作的评价要求。如:七年级学生掌握基础的国防知识、国防法规,掌握基本队列队形;八年级学生了解我国近代史上有国无防的屈辱史、中国人民解放军的成长壮大史,能完成18千米拉练;九年级学生知晓现代科学技术在国防事业中的应用,了解当今世界国际形势,能组装、操控无人机等。

合理适切的评价标准:学生素养报告书中的国防素养评价标准将依据中学生国防教育主要内容,结合本校办学目标与特色,针对学生年龄及身心特点,借鉴军队或将士评价标准制定晋级机制。

多元立体的评价方式:采用校内校外相结合、学校与家庭相结合、学生自评、同伴互评、教师评议、家长评议等多种方式对学生的国防素养进行多元立体的评价。通过班级、年级、校级层层推选、层层表彰,进一步促进学生的品格提升。

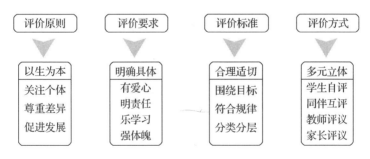

图3　发展性多元评价体系

《中华人民共和国国防教育法》指出:"学校的国防教育是全民国防教育的基础,是实施素质教育的重要内容。"因此,在中学开展学生军训、军事理论课教学和课外各种爱国主义教育活动,是国防教育面向现代化、面向世界、面向未来的要求,也是实现我国人才培养的战略目标和加强国防后备力量建设的需要,更是提高学生全面素质的重要环节。

学校锲而不舍地进行国防教育,提升国防教育的层次和品位,培养师生的家国情怀,努力为实现中国梦尽心尽力。为了学生,为了学校,为了社会,为了国家,学校责无旁贷。

二、课题页

用自主课题来引领和提炼学校的办学方向,借助课题来激发和凝聚学校的办学热情和向心力,用思维练习来提升学科教学的宽度和高度,借思维取向来提升学校管理的民主度和共进心。以江苏省教育科学"十二五"规划专项课题"学校自主管理'三位一体 双轮驱动'模式研究"为例:

(一)核心概念

自主管理,于个体而言,就是要唤醒管理对象自我成长的内在需求,激发其自主发展的激情,赋予其自主管理的权利,并为其提供自我发展的机会、空间和平台,促进其科学发展与健康成长。于团队管理而言,就是对基层组织充分授权,从而激励基层组织进行自觉性、创造性的管理。

"三位一体"即行政团队、校务委员会、家长委员会一条线,实现对学校的管理、监督、评价;"双轮驱动"即行政会、项目会实现对学校诸多工作的协调、推进。

(二)课题界定

中学自主管理"三位一体 双轮驱动"研究通过充分调动师生的工作学习主动性、积极性,引进社会资源,以提高学校管理的高效性、个体成长的科学性为宗旨,深入研究理解现代教育理论,广泛收集整理学校管理的有效方法,在重新审视管理现状,反思管理行为的基础上,整合思路、科学借鉴、比对实践、创新制度,形成适合中学管理实际、促进师生和谐发展的一套较为系统的高效管理策略体系和科学管理评价体系。

国内外同一研究领域现状:

国内国际都提自主管理,但学校层面的自主管理理论目前可供借鉴的不多,更不用说富有实效经验的学校。上海建平中学的学生自主管理从20世纪80年代轰动上海的"学生校长助理"的尝试,到20世纪末"自主管理委员会"的诞生,再发展延续到现在每个班级参与的"主题值周",二十多年的学生自主管理的创新不断推动着建平中学的德育工作再上台阶,更富实效。

班级自主管理活动比较多,课堂自主管理活动成功范例也很多。教师自主意识的唤醒似乎还处在不断探索阶段,需要过程。山东莱州市双语实验学校的课题研究更多着重于学生层面的工作。

自主管理未来的趋势必然是"以人为本"——以教师、学生、学校的发展为办学的根本目的。自主意识的强化是发展的必须，对个体内驱力的激发和对潜能的开发是教育培养的关键内容之一。自主管理课题的未来必然空间无限！

（三）研究价值

学校师生一旦具有了自主管理的能力和水平，学校就会彰显出强大的活力和竞争力，获得不可逆转的可持续发展的创新动力，这也是一所创新学校应该拥有的一种特殊的能力。

对于大多数人来说，自主管理水平的提高都要经历从自主意识的觉醒到自主行为的形成，再到自主能力的提高的过程。个人有了此项能力，显然于今后的发展是大有裨益的。

通过对本课题的广泛而深入地研究，学校能全面提升全体教师的整体素质，改变学生的学习思维习惯，全面提高学校的管理效益，不断提高学校办学的品位，促进教师、学生和学校的共同发展。

（四）研究目标

本课题以现代教育学与心理学理论为指导，关注学校的管理过程，关注管理效益，建构高效管理的策略和评价体系，促进教师、学生和学校的共同发展。具体目标分为四个方面：

一是通过课题研究进一步明确学校自主管理"三位一体 双轮驱动"的特点和规律，探索总结一套适应新课程改革的学校自主管理策略体系，形成学校管理特色。

二是通过课题研究建构自主管理评价体系，科学地将定量与定性、过程与结果有机地结合起来，全面地评价学生的学习、教师的工作和学校的发展。

三是通过课题研究改变学生学习方式，促进学生积极主动地参与教学活动，运用师生互动、生生互动的自主探究性学习，使学生掌握学习方法，提高学习的能力，具有良好的人文精神和合作竞争精神，具有良好的创新精神和实践能力，从而成为会自主学习的智慧型人才。

四是通过课题研究进一步更新教师的教育观念，提高教师的整体素质和业务水平，促进教师在自主管理的研究中实现专业成长，力求培养一批省市级骨干老师。

(五) 研究内容

本课题研究的主要内容是学校常规管理自主策略研究、班级自主管理策略研究、高效课堂教学策略研究、自主管理的评价体系研究。

1. 学校常规管理自主策略研究。学校常规管理自主策略研究是课题研究的重点,以学校常规管理自主策略研究来促进学校管理品牌的形成。学校常规管理自主策略研究主要有三个方面:一是强化组织意识。学校管理中,充分发挥党员、团员的先锋带头作用,让他们积极加入学校的各项管理中来。二是强化透明意识。后勤管理公开透明,组织校务委员会、家长委员会,加强对学校总务后勤的监管力度。三是强化合作意识。通过教代会,采用捆绑式考核等制度,调动教师积极性,促使教师和谐共进,积极发展。

2. 班级自主管理策略研究。不但在意识上还班级给学生,而且在管理中让学生成为班级的真正主人,让每名学生在班级中都能找到自己的位置,都能发现自己存在的价值,都能找到自己的成就感,都能铭记自己成长的痕迹,都能自信地在班级中努力学习、快乐生活。

3. 高效课堂教学策略研究。课堂教学方式的转变是新课程改革的显著特征。研究新课程背景下课堂教学方式的特点,开展高效课堂的研究,促使教师转变教学方式,促使学生转变学习方式,让学生在自主、合作、探究学习中完成知识的建构,提升综合素质,从而整体提高师生的创新精神和实践能力。

4. 自主管理的评价体系研究。评价改革是新课程改革的重点与难点,建构促进学生成长、教师发展的有效教学评价体系是课题研究的重要任务之一。通过建构自主管理的评价体系来促进新课程改革的不断深化,促进学校教学质量和办学水平的不断提高。

(六) 研究思路

1. 加强课题理论学习和指导培训,聘请专家学者,围绕自主管理主题给全校教师作专题讲座。举办研讨交流会、自主论坛、课堂教学比武等丰富多彩的活动,培养一支稳定的具有一定研究能力的教师队伍。

2. 让所有教师积极参加到课题研究中来,把自己的教学热情与经验融入工作、研究之中,引导教师充分认识此项课题对于学校发展的意义,进而举全校之力积极探索,精心研究。

3. 课题组相关成员积极实践,不断总结,将成功经验在全校乃至全市推广。

时机成熟时,编撰管理研究专著。

4. 组织课题组成员外出采风、考察,写考察报告,进行理论实践提升。

5. 积极开发校本课程,整理编写以自主管理"三位一体 双轮驱动"为支撑的校本教材。

6. 建设课题研究专门网站,将研究的常态及时汇总发布,让研究的成果及时惠及师生和学校,不断激励老师们去探索去实践自主管理。

(七) 研究方法

1. 文献研究法。在课题研究准备阶段,搜集、鉴别、整理文献,并通过对文献的研究形成对事实的科学认识的方法。我们在报刊书籍和网络中搜集、整理有关自主管理理论及学校管理改革实践经验,加以认真学习总结,结合学校实际,确定研究课题,并形成研究方案。在研究过程中,进一步注意文献资料的积累、总结,坚持以先进的理念指导实践,以创造性的实践丰富理论内涵。

2. 教育观察法。在课题研究的整个过程中,通过在一定时空的自然状态下的有目的、有计划地考察并描述教育对象,及时发现问题,总结经验,从而提供有效的指导。

3. 调查研究法。在实验开始前实施前期调查,在实验的过程当中实施过程调查,在结题前进行效果调查,对家长、社会进行问卷调查,了解学校、师生现状及发展情况,以便为方案的实施提供依据和进行动态调整。主要采用谈话、问卷、检测等形式进行。

4. 行动研究法。在课题实施阶段采取的主要研究方法,融教育理论与教育实践于一体,体现一个循环往复、螺旋上升的研究过程,遵照"计划—行动—反馈—调整—再行动"的研究步骤和要求,提高研究的实效。

(八) 主要观点

1. 自主管理"三位一体 双轮驱动"以师为本,关注教师们的发展,关注教师的教学成果,强调每一名教师应该不断地反思自己的日常教学效果。以雷锋文化的打造影响教师行为,强化与人为善意识,积极深化群众路线,提升教师的职业道德和幸福感。

2. 自主管理"三位一体 双轮驱动"强化"立德树人"理念,关心学生的健康发展,强调教育就是服务。第一,要求教师有"生本"意识,要在教学中确立学生的主体地位,树立"一切为了学生发展"的教学思想。第二,要求教师有"素质"概念,学生的发展是"生态"的发展,而不是某一方面或某一学科的发展。

3. 自主管理"三位一体 双轮驱动"关注教学高效。要求教师有时间与效益、团队与个体的观念。强调教学效益不是取决于教师教多少内容,而是取决于对单位时间内学生的学习结果与学习过程综合考察的结果,取决于团队的教学质量——班级是团队,教研组是团队,年级组是团队,学校更是团队。

4. 自主管理"三位一体 双轮驱动"是一套策略。根据学校管理各个环节的要求,自主管理"三位一体 双轮驱动"策略有常规管理策略、教学管理策略、班级管理策略、学生管理策略、管理评价策略等等。

(九)创新之处

此课题研究以人为本,立足于中学管理实践,针对中学的教育环境以及师生的特点,以现代管理理论为指导,系统借鉴、整理、遴选管理经验,对成功的有效管理经验进行分析与整合,在高效的管理艺术、高效的学习方式、高效的管理评价上取得突破,形成高效自主管理策略体系和评价体系,努力铸造学校自主管理"三位一体 双轮驱动"办学特色。

三、课程页

用国家课程、地方课程、校本课程将自主思维具体化,以鲜明的课程为实践路径,在课程中融入"自主思维"精髓和元素,如此,就能更具体细致地"立德树人",更好地为师生发展服务。以扬中市第一中学教育集团江洲分校(以下简称"江洲中学")"初中'阅读+'课程基地建设"为例:

江洲中学位于扬中市三茅镇民主路32号,为在扬中市第一中学原址上改扩建而成的初中学校,2018年暑期投入使用。学校现有七、八、九三个年级,共有学生806人,其中,外来务工人员随迁子女占比31.5%,共有教师76人。学校以"连线世界,编织未来"为办学理念,以"善思善辨、博学博爱、自律自由"为培养目标。

项目名称是初中"阅读+"课程基地建设。借助扬中市第一中学教育集团本部阅读基地建设,逐步形成良好的阅读环境,构建"阅读+"(立德、表达、探究)课程体系,实现全学科参与、多角度阅读,达到提升初中生核心素养的目的。

学生发展需要:阅读素养是所有学科学习的基础,也是学生终身学习的基础素养。教育教学需要:新一轮基础教育课程改革已经进入全面推广阶段,新课程标准在课程目标、内容和结构上都呈现出综合化的趋向,中考、高考的阅读量大大增加,对学生的阅读速度、水平提出了更高的要求。学校发展需要:作为新建学校,学校将借助初中"阅读+"课程基地建设,助推学生自主阅读能力的提升,促进学校全面发展。学校图书自主借阅机制如下图所示:

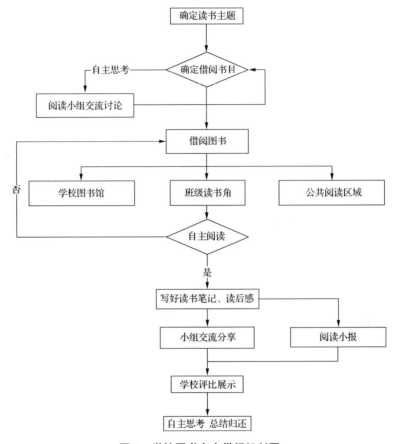

图 4　学校图书自主借阅机制图

学校有一定的硬件基础、师资基础,尤其是课改基础,便于开设特色课程,考察其对激发学生学习兴趣、提高中学生学习主动性的效用,提炼出初中"阅读+"课程基地建设的策略、经验。

该项目具体实施措施如下:

1. 阅读环境打造

(1) 美化阅读空间。在每层楼的公共区域添置书籍,学生或立或坐,随时阅读自己喜欢的书籍。建设大型的阅读文化空间12个左右；建好班级书柜，提倡学生们将自己的课外书带到学校来，充实班级的书柜，让好书得以分享；升格图书馆阅读条件，进一步大幅度添置图书馆书籍，进一步设计装饰好图书馆。

(2) 保障阅读时间。坚持开展晨读；每周开设一节阅读课；在每天的家庭作业中，有计划地布置适量阅读任务；每周安排一个班级到图书馆进行自主管理，营造自主阅读环境。

(3) 亲子阅读拓展。鼓励家长为孩子建构“书窝”，为孩子营造舒适惬意的阅读环境，吸引孩子进行阅读。

2. 学校课程建设

整体构建“阅读＋”课程体系。在实践中，提升教师的专业素养，提高教师的课程实施能力；培养学生的阅读兴趣、阅读习惯，使其掌握阅读方法。

表3 “阅读＋”课程体系

<table>
<tr><th colspan="15">阅读＋</th></tr>
<tr><td colspan="3">德育</td><td colspan="3">智育</td><td colspan="3">体育</td><td colspan="3">美育</td><td colspan="3">劳育</td></tr>
<tr><td>「红心9·20」课程</td><td>「我为江中添绿」课程</td><td>「青春律动」仪式课程</td><td>「融」课堂课程</td><td>「阅读营」名著拓展基地课程</td><td>「博学江洲」文化课程</td><td>「全民运动员」课程</td><td>「人人排球」课程</td><td>「健体养心」自主课程</td><td>「音乐午读」课程</td><td>「开心唱歌」课程</td><td>「我的节日」课程</td><td>「融智菜园」课程</td><td>「大手为小手」食堂志愿课程</td><td>「我与河豚」课程</td></tr>
</table>

(1) 抓好语文课堂

①增加阅读容量：从语文课堂入手，以单元主题为依托和主线，提高课堂教学效率。

②指导阅读方法：语文老师加强“读”的指导和教育，引领学生大声朗读、重视默读、强化诵读，使他们学会略读与浏览并熟练运用，最终在品读和美读层次有所获得。

③“阅读＋”是以阅读为媒介，将阅读与各个学科课程进行深度融合、统整，跨

越各学科之间的界限。

（2）开发校本课程

①教师自主研发"阅读+"课程,开展了香樟文学社、微写作、阅读欣赏、汉字听写大赛等项目35项,以目标指向"五育并举"（即阅读+德育、阅读+智育、阅读+体育、阅读+美育、阅读+劳育）为主基调,立体式进行学校课程建设。

②综合体验课程。充分利用扬中国防馆以及其他各级各类场馆,拓展学生学习空间。

③自主研究课程。以部编版七年级语文上册为例,在班级层面上,语文老师组织学生建立研究性学习小组,自主选择《西游记》《朝花夕拾》中的研究课题,进行研究探讨,并以多种形式展示阅读、研究成果。

3. 阅读平台建设

（1）用好线上阅读平台

家长下载喜马拉雅APP;用好省教育厅组织建设的省"名师空中课堂"网络端,该平台统一整合全省优质教师和教育资源,为全省师生、家长提供名师在线答疑、互动、点播、家长课堂等教育教学服务;"书香江苏网上阅读平台"共有书房320多万个,藏书330多万册,为广大师生提供网上阅读、互动交流和开展活动的平台。

（2）打造线下阅读平台

建好教师"读书斋";建立青年教师阅读共同体,每位青年教师制订读书计划,每月阅读一本书,写读后感,在"高品质论坛""国旗下讲话"上做读书推荐。学生阅读努力在综合性学习和专题研究上做文章。鼓励自行设计探究专题,完成专题探究后,写一篇读书报告,并在班上举行一次读书交流会,共同分享阅读体验和探究成果。

4. 评价体系构建

（1）明确过程性评价目标

七年级:养成默读习惯,有一定速度,阅读一般的现代文,每分钟不少于400字,能较熟练地运用略读和浏览的方法,扩大阅读范围。

八年级:能利用图书馆、网络查找需要的信息和资料,帮助阅读。

九年级:欣赏文学作品,有自己的情感体验,初步领悟作品的内涵,从中获得对自然、社会、人生的有益启示。

(2)丰富过程性评价形式

利用课前"五分钟",对学生的阅读情况进行检测,建立展示评价激励机制;开设语文活动节,设置特长写作展示、语文阅读展示、朗诵演讲展示、戏剧影视展示等项目;成立香樟树文学社,创建"香樟树下"阅读网站,编写《香樟花》学生作品集;编制阅读指导手册,建立丰富的考级题库;每生一本阅读考级手册,每学期进行一次阅读考级。

以省级课题"初中拓展性自主阅读的行动研究"为抓手,开展课堂教学、论文教学、学生自主阅读方法竞赛,举行"谈谈我的阅读课指导方法""自主阅读大家谈""高品质学校自主阅读论坛"等活动,鼓励教师发表相关论文。

开展"亲子阅读开放日"活动,组织亲子阅读沙龙,让阅读伴随每一个家长、每一个孩子。

自主思维在"一直行走一路风景"中提升——漫谈中学校长的课程领导力

一直在一线,一直在带班,一直在教书,一直在思考,甚至又干起了有的同仁"厌倦"的班主任。无所谓高屋建瓴的思想,就着自己粗浅的实践,谈谈自己课程领导过程中的所见所闻所感,以及自己对课程领导力的认识。

从教二十多年,行走在教授不同课程的三尺讲台上,欣赏"风景"无数……校长的课程领导力于一所学校是举足轻重的,尤其是三方面的领导建构内容:课程改革意识的领导、课程设计蓝图的领导、课程实践的率先垂范。

(一)为善留痕

不知为什么,感觉有时很困惑:身为教书匠,发现我们的"教"似乎离学生个体的生态成长有点远;我们的"教"似乎离当下最前沿的科技很远;我们的"教"似乎在做些"一厢情愿"的事情;我们的"教"似乎功利了些,似乎还有不少地方以分数为评价标准……

"师者,所以传道受业解惑也。"还记得韩愈对教师的界定吗?我们不妨关注三个关键字:道、业、惑。似乎我们关注、传授的"业"过多了,乃至失衡。其实,"三足方能鼎立"。

"传道"没了,学校"软暴力"多了——学生之间,师生之家,家校之间。更何况还有"大道至简"呢?还有"得道多助,失道寡助"呢?还有"道法自然"呢?其中的"道"更是耐人寻味。

"解惑"没了,还有人在问"十万个为什么"吗?"个性""创新"在哪里落脚呢?

作为校长,不妨和老师们谈谈"传道受业解惑",条分缕析其中的利害和关联,也许我们的校园会更和谐;不妨和我们的学生谈谈"传道受业解惑",深入浅出地透析为人和成才的关系,也许我们教书育人的意义才更为宽广和深远。

就此,大张旗鼓地做自己的德育"仁爱"课程,加强"为善社团"建设,老师和学生一起来做常态化的"与人为善",力求做"大写"的人。

每学期的"开学第一课",学校必然强调"为善文化";每周的班会课上,必然有规定动作——制作"为善卡片";每学期的表彰大会上,必然有"五星好少年"的评选——其中首推的便是"仁爱之星";班级文化作业布置中,必然有一项是"学雷锋标兵",班长一般必然当选;学期结束的素质报告单上必然有一项记录——为善留痕。至于学雷锋、小橘灯公益、捐款义卖等活动更是常见。

目标明确、常态动作、专项考核、制度监督等四位一体,让我们的"崇善"理念落到实处,让我们的"为善"德育课程落地生根,我们正深入建设自己的德育精品课程基地。以德育课程为点,以点带面,学校正不断提升广大师生的课程改革意识层次。

(二) 静候花开

1. 领导师生思维蓝图

为什么要教学改革?为什么要课程改革?为什么要"不安静"地做教育?改革的路径有哪些?为什么那么多人对教育横加指责?……

君不见校园有诸多矛盾存在:①学生和学习之间的矛盾;②素质教育和应试教育之间的矛盾;③教师和学生之间的矛盾;④教师和教师之间的矛盾;⑤教师和行政之间的矛盾;⑥学校发展和社会需求之间的矛盾;⑦学校自主项目和政府要求之间的矛盾。

当然,要缓解这些矛盾,寻求师生、学校的幸福发展,课程改革自然是当下的一剂良方。校长必然是蓝图的谋划者、阐释者、实践者,更是美好蓝图的宣讲者。

课程改革的推进,于校长而言,那就是一个思维不断灵动跳跃的智慧过程。

2. 领导学校文化蓝图

和其他"航母"级的中学比,扬中市联合中学很小。师生走出去,有点"灰头垢面"。所以我们从校友中找出了殷方龙将军。所谓"山不在高,有仙则名;水不在深,有龙则灵"。作为将军的校友,我们可以挺起胸膛,自信阳光地谈论。谁走进将军的母校不该胸怀敬畏呢?不该对历史悠久的学校关怀有加呢?

新建学校,扩建学校,升格学校,校友文化自然是其浓墨重彩的一笔。由此,学校将做开放式的校史文化,学校过去的知名校友也好,老师也好,学生也罢,都会在其中留有动人的故事和感人画面。再加之校树香樟的点染、校刊《香樟花》的留痕、校园馆舍的记忆,丰盈的文化故事课程自然会鲜活起来,久违的凝聚力自然会得到激发和张扬。

3. 领导课程结构蓝图

学校特色的形成不应该是刻意打造的过程,刻意包装的过程,刻意提炼的过程,而应是水到渠成的过程。围绕学校的育人真谛,教师也好,学生也好,在静静地修为中,在静静地为学中,潜滋暗长。少些加法,多做减法,做精项目,做实过程,普惠师生。管理,我们做"自主管理课程";德育,我们做"仁爱课程";教学,我们做"三三三"课程;体育,我们做"武术课程";实践,我们做"园艺课程";科技,我们做"3D创客课程";读书,我们做"吟诵课程"……

当然,这些课程之间并不是完全割裂的,是整合后的相得益彰的关系。这些课程也不是专人、专门地去打造的,而是落实在平时的点滴细节中,落实在师生的常态工作学习中。始终遵循"自主、生态、高效"的思路,即以人为本,所以强调自主发展;道法自然,务求生态;简约不简单,常态力求高效。

有了蓝图就有了目标,有了目标就有了方向,就有了动力。我们将"蓝图"落实在寻常的工作、学习中,课程化地去开展,静候特色彰显的春暖花开。

(二) 行走在路上

1. 领导课堂改革实践重在高效

或许唯有在一线教书,你才能体会到公开课和常态课的区别;或许唯有在一线教书,你才能够感受到合格率和优秀率提高的不易;或许唯有在一线教书,你才能够理解激发学生兴趣的不易;或许唯有在一线教书,你才会找到怎样让学生不在课堂上睡觉的办法;或许唯有在一线教书,你才体会到教师坚守在三尺讲台上的不易。

当然,发现问题、找到方法的路数也很多。身在一线,也许体会会更深刻,想法会更迫切。由此,我们以"生本课堂"为抓手,以"翻转课堂"的精髓为参考,以微视频素材为延伸,做了自己的"三三三"课程。"三三三"自主课堂教学模式,以"自主、合作、探究"为主要特征。

第一个"三"是指三个层次。班主任将学生分成三个不同层次。这样,一来便于教师了解学生学习状况,从而有的放矢地开展分层教学;二来有利于教师掌握学生学习变化情况,并以此判断教学效果,调整教学策略。

第二个"三"是指三个阶段。一是学生自学阶段。强调借助"翻卷课堂"开展课前预习,以此充分调动学生学习的主动性,培养良好的自主学习习惯。二是教师导学阶段。课堂上教师发挥好组织者、引导者、点拨者的功能,帮助学生答疑解惑,引导学生轻松掌握知识。三是固学阶段。每节课要留15分钟左右的时间,进行课堂练习,力争达到课课清,有效巩固学生课堂所学。

第三个"三"是指三种作业。学科教师要对不同基础的学生布置与之相适应的作业。对尖子生,侧重布置一些有利于学科知识"加深""加高"和"加厚"的思维型拓展题;对临界生,侧重布置一些有利于查摆薄弱环节的实践型能力题;对学困生,侧重布置一些教学大纲要求的基本知识巩固型积累题。三种作业,让每位学生都能享受到学习的愉悦感和成功感。

2. 领导自主管理实践重在唤醒

做了班主任,你会发现为什么那么多老师不愿意做班主任;做了班主任,你会发现走进孩子们的心里自己会"受伤";做了班主任,你会发现为什么学校存在"暴力";做了班主任,你会发现感恩教育的苍白;做了班主任,你会明白教师和学生为什么会有心理问题;做了班主任,你会明白简单粗暴的应试教育是在"慢性自伤"——有时是学生自伤,有时是教师自伤,但都让人无比痛心。

我们积极实践自主管理课程,激发师生的自主意识,提高自主能力——学校自主管理、班级自主管理。让老师们找到归属感,唤醒他们的主人翁意识。让党员、团员找到组织的政治觉悟;让学生的能力得到提高,兴趣得到激发,个性得到张扬,班主任工作会轻松很多,效果会好很多。

校长敢于放权,班主任敢于放权,敢于听取不同的声音——民主的气氛不断浓厚,自主的觉悟不断提升。

3. 领导科技课程实践重在创新

最近,19岁的伊斯顿受到了美国总统的接见。为了一位七岁的无臂女孩,他发明机械手臂,而且还是用意念控制的机械手臂。有人认定他是美国未来的比尔·盖茨、美国未来的乔布斯。他受到了太多人的关注和追捧,因为他的素养特质。

我们的学生离现代科技有多远?我们做的科技项目有多少科技研发的含量?我们的课堂科技教育是不是惠及每位学生?科技创新何时落实到常态的教学中?

我们做了科技类的3D创客社团课程。

学校试图培养学生对3D技术的兴趣,提高信息技术能力。培养学生对3D技术的感性认识,了解信息技术在日常生活中的应用。培养学生学习、使用3D技术的兴趣和意识,提高学生的信息技术素养,提高学生的动手能力和创造能力,提高学生利用3D技术的能力。

试图依托提高学生3D技术能力的过程,激发其创新意识。通过学习,学生了解并掌握3D技术的一些学习方法和技巧,提高了学习的积极性和自觉性。学校鼓励学生之间相互交流,进行某些创新设计。

试图培养学生创业意识,提高团队能力。结合信息技术学科的特点,培养学生的思维能力、团队能力和创业意识,帮助学生树立正确的科学观、人生观和世界观。人,总是要有理想的,万一实现了呢?"为中华之崛起而读书"的声音仿佛就在耳际。

我将自己的班级分成六个团队,每队有专人操作3D建模软件,有人负责设计,有人负责宣传。课间,你会发现社团学生的研发激情;周末,他们会自主来到学校3D创客中心。没有学习的苦涩,只有学习的热情。

市科技节中,我们成功地进行了3D产品义卖活动。当孩子们用自己的创意收获创客的真金白银,而后奉献给生病的校友伙伴时,开心洋溢在每个人的脸上。

也许,实践比再精彩的说教更富有教育的穿透力。

4. 领导幸福走班实践重在悦心

遵循"以生为本"的原则,为了让学生在学校能感到张弛有度,我们积极实践着自己的"走班制"。

每天走班。不知从何时起,教室变成让学生感到压力无限的地方。我们试图让学生走出教室,走进专用教室,走进实验室,走向操场……我们每天的最后两节课都引导和安排老师们将学生带出教室。

社团走班。每周三的社团活动,我们都做充分的调配,学生们选择自己感兴趣的社团,进行相关专项活动。

导学走班。就着"因材施教"的原则,在尊重学生选择的基础上,让学生自己分层学习,分层走班。老师们根据学生学习的不同状况,灵活地处理"教学案"。不同基础的学生,享受不同难度的题目和解答。

幸福不仅仅是种感觉,更是活动,是实践,是方向。

有朋友问我,事情那么多,是不是很厌烦?一直在忙碌,是不是很辛苦?不一定继续坚守了吧?结果未必会尽如人意的,该放下的可以放下了。我说,既然做了校长,就意味着担当,就意味着责任,就意味着求索。既然还是老师,就意味着对这份事业的执着和求真。提醒自己,谋事在人,成事在天。不忘天道酬勤,心态好了,自然能享受课程改革和课程领导的随处"风景",课程领导力自然日渐提升。所以,行走不断,风景不断,思维不断,享受不断。

自主思维在课程品牌教学中打造——"融"教育思考之一二

记得参加教育部"长三角名校长培训班"时,有一幕情景让我终生难忘。浙江省的一位地级市中学的校长,在分享管理困惑时,情绪非常激动,甚至于掩面而泣:我们学校为什么有那么多的老师不愿意做班主任?为什么学校中层不少都来向我辞职?难道是我的个人管理艺术出了问题,还是校园管理文化出了问题,干群关系不再那么融洽了?

上海的一位名校长也积极回应说:为什么我们学校的班主任津贴虽然想方设法在原来基础上每月增加了1500元,但愿意做班主任的老师还是寥寥无几?我们老师们的教育热情到底哪里去了?

在最近的一次校长座谈会上,市里分管教学的领导让大家谈谈对"集群化办学"的意见。两位农村校长迫不及待地反映:农村学校没人愿意做班主任,需要通过提高班主任津贴,改善班主任工作待遇来激励大家。我们这边的班主任津贴每月还仅仅是小几百元,确实低了点。

当下学校管理出现的窘态非常明显:不少老师不愿意做班主任,不愿意做中层领导。老师们的工作热情需要唤醒和激发。

那么,如何才能调动大家的工作积极性呢?是不是多给钱了就能彻底解决问题呢?

"融"教育——让以融洽、融合、融通为内核的管理艺术在学校生根发芽,让老师们充分领略到管理的艺术魅力,再加强政策礼遇,或许大家的工作态度就会大不一样。我们不妨谈谈为了实现"融洽"的人文氛围而尝试的"以身作则"策略。

班主任工作非常辛苦,有的学校甚至到了怨声载道的程度。但另一方面,班主任工作又是学校工作的基本核心。为什么这么说呢?因为学校暂时没有校长可以,但如果几天不见班主任,班级就会乱,学校就会乱。因此提高班主任队伍的管理水平非常重要。

1. 提高认识，心理融洽平和

引领班主任充分认识到自己的重要性，让其时白他们也是举足轻重的"领导"人物。因为班主任领导着班级的学生，掌握着学生的学习、生活、成长动态，所以有"教师是人类灵魂工程师"的说法；班主任领导着科任教师，一个班是由数名教师组成的团队，都是在班主任的带领下科学施策，认真工作；班主任领导着一个班的数十名家长。"神兽归笼"使家里热闹了起来。因为新冠肺炎疫情，2020年的寒假特别长，家长们在家里对孩子们的教育管理非常不易。当主管部门顶着压力，宣布开学时间时，家长们幸福得不得了，因为"神兽"们终于要回归到学校这个"笼"里了。有人说，教育就是服务。这是不是个伪命题呢？在服务理念里，顾客就是上帝。提到服务我们不禁会联想到饭店的服务人员，想到飞机上的美丽空姐。难道让老师们向她们那样，将学生奉为上帝？怎么可能呢？所以让班主任认识到自己也是领导很重要，这能让他们摆清楚自己的位置，调整好自己的心态。当然，更是让大家明白自己的责任和使命。

2. 策略引领，行动融会贯通

班主任工作是门艺术，可以从细节着手，讲究工作的策略。最近班主任布置我家孩子综合实践劳动作业——打扫庭院。这其实是创建全国卫生城市的需要，也是创建文明城市的需要，也是防疫工作的需要，也是美化家园、幸福生活的需要，所以我们学校大力支持。我去叫女儿，她正在写作业。虽然我说这也是作业，但是她极不耐烦，不愿去做。我就将学校的通知发给她看。

关于"暖心防疫·美化家园"社会实践活动的要求：

（1）思想上高度重视，充分认识到活动的意义；

（2）和家长一起整理室外庭院或廊道，拍好至少两张前后对比的照片发送给班主任；

（3）以"暖心防疫·美化家园"为主题写一则劳动实践日记。

提醒：每位同学都得行动起来，倡导"我为人人，人人为我"的思想；学校将对第二项、第三项活动进行总结评比；拍照和日记下周一之前完成，以班级为单位建立文件夹，打包并传给德育处。

她看了后，算是知道了，但依旧不以为意，说等作业做好后再说。

怎么办？下命令肯定不行。我既是孩子的家长，更是孩子的老师。我灵机一动，计上心来。

中午,我戴上口罩,拿起簸箕,下楼来到庭院打扫起来。边打扫,边喊她给我拍照。这个时候,我在试着给她做"榜样示范"。她看到我在打扫,乐呵得不得了,当然也就非常开心地给我拍照片。

于是,我趁热打铁,建议她也下楼劳动锻炼,完成老师布置的实践作业。她一反常态,乐滋滋地戴上口罩下来了,而且做得特别卖力,特别开心。

回头想想,我很有感悟:我拿起铁锹铲杂草,她拿起簸箕清理杂草和树叶,我替她拍照片。这个时候,我们是合作者,我在陪伴她。最后当我用水冲刷庭院时,我让她给我拍照片,让她观察庭院前后的变化,通过对比,写好日记。这个时候,我是指导者。后来,我提醒她创意地美化照片,这不是简单的两张照片,而是由诸多的劳动细节整合出的前后对比的两张照片。这既是指导,也是合作,更是对她创意思维的训练。最后她非常开心,我也无比快乐。很快,她写好了日记:

2020 年 3 月 22 日　　　　星期天　　　　天气:多云

抗疫护家

2020 是个特殊的年份,冬天貌似过得有些许漫长,春天好像迟来了一般。

城市病毒的喧嚣口口相传,声声入耳,使我们不得不全副武装,戴口罩的戴口罩,不出门的不出门。

这不,宅家抗疫的我立即接受父亲打扫院子的邀请,把院子这种比较脏的、容易滋生细菌的地方打扫打扫,也是为我们的生活增添了一份保障。现在疫情虽然有了好转,但时刻都不能掉以轻心。拿起扫帚、簸箕,戴上口罩前往院子打扫。

我的主要任务就是把院子的地扫了。我拿起扫帚,东扫一下,西扫一下,将花花草草的枯枝败叶都扫到一起。而父亲则在前面为我开路,他用铁铲把从地缝中生长出来的顽强的杂草铲下来,"吱吱吱"的声音不绝于耳。我就跟在他后面,把铲下来的杂草和路上的尘土扫到一起。一堆又一堆的杂草、枯枝败叶和尘土躺落在地上,等待着被我扫进簸箕的宿命。

扫地任务顺利完成,接下来就是把它们倒进垃圾桶里。我一只手拿着簸箕,另一只手掀起垃圾桶的盖子,显得有些吃力。但我最终还是圆满完成。

接下来就是父亲的主场了。刚扫好的院子，父亲决定把它冲洗一遍。他手拿水管，架势十足，满脸笑意。水冲走了污渍，冲走了细菌，同时也冲走了我们内心对病毒的恐惧。

　　冲完院子，父亲也没有闲着。他拿着剪刀，修剪生长在路中央的枝丫，并对我说："把长到外面的枝丫都剪剪，防止给路上的行人或车辆带来不便！"父亲就是这样一个人，从来没有变过。

　　美好的上午美化院子的时间就这样结束了。虽然很短暂，但是这毕竟是劳动。只是有所不同的是戴着口罩……

　　虽然最好的消息还没有传遍神州大地，虽然我们还没摘下口罩，虽然我们还不能拥抱，虽然我们还没有见面……但是我们的心永远在一起，病毒并不会让我们的心也保持这刻意的距离！

　　不要放弃，春天已经来临，很快春色就要如画，万物就要复苏！

　　武汉要加油！中国要加油！全世界都要加油！

这让我想起了美国的库泽斯和波斯纳所写的《领导力》这本书来。它畅销了几十年，提出以身作则、共启愿景、挑战现状、使众人行、激励人心五种行为习惯。或许我这次和女儿一起的劳动实践，自己开始的"以身作则"起了一个好头，而且贯穿了始终。想想"以身作则"还是非常有道理和作用的。

由此，我想到了学校的班主任工作。我们不妨引导班主任关注细节，注意以身作则，在工作中享受领导艺术的魅力。一次次小小的引领示范会让学生铭记于心，班主任也会成为学生学习的榜样，不是有学生是班主任的"影子"的说法吗？想想有这么多"影子"听自己的话，模仿自己，学习自己，不也是一件非常幸福的事情吗？工作的获得感是不是有了？幸福指数是不是也提升了呢？

班主任工作如此，学校的中层领导、校长团队也是如此，"以身作则"做到了，诸多工作也就可以很好地展开和推进了。还记得两个感人的分享：一位家长激动地对校长说："××校长，就冲您亲自在走廊上打扫卫生，我们就绝对相信您，也放心将孩子送到你们学校。您的亲力亲为、注重细节让我们佩服。"原来暑假报名时，校长带领大家在走廊和教室扫地、擦桌子，此番情景恰巧被敏锐的家长发现了，于是有了此番感慨和赞叹。还有一次，一位老师说："××校长，您在舞台上的深深一蹲，令人折服，不愧是名校长，温暖人心。"原来，校长在年终联欢晚会上，表演节目后，忽然发现舞台中间的插座弹起来了，别的老师上台很有可能被绊倒，于是,他想都没想,立即上到舞台中间,将地插重新调整好。几百人的会场,没曾想,大家都看在眼里,记在了心里,感动起来了。本没有什么惊天动地的壮举,但领导的艺术魅力却在不经意间体现了出来。或许这就是"以身作则"的特别效果吧。

打扫卫生、整理插座尚且如此,假设我们的校长、中层干部示范上课,示范做好班主任,示范参与竞赛,示范论文写作,示范课题研究,示范改革创新……那结果又会怎样呢?不但自己有了成就感,有了满满的收获,而且令大家信服,政令也会畅通,人心也会凝聚。

从小事做起,从身边做起,大家都能以身作则,都有自主思维,那么疫情可以战胜,学校教育教学质量可以提升,校园人文自然也会融洽、和谐、美好。

赋能课堂教学篇

"双减"不是目的,"提质"靠什么?从刷题中科学地、合理地走出来,依靠什么?当然是课堂。课堂如何从低效中走出来?如何颠覆过往的无奈,赋能更多的课堂以活力和高效?课堂变革所要承担的不仅仅是减负,还有提高质量的重要使命。自主思维能否渗透进课堂的每个环节或许关系着学习能否真正实现高效。

毋庸置疑,课堂是主阵地,是"双减提质"的主角,也是自主思维发生的关键环节之一。那么如何让课堂更生态,更高效,更具活力,更有魅力呢?

一、融课页

思维在朗读的课堂——读出心灵的透彻明亮

"黄校长,我家儿子早恋了……他不听我的……"晚上11点,九年级的一位家长打电话给我(我教他儿子语文)。

"怎么办?"我心一紧,"这学生太特殊了:特殊的家庭,特殊的心理,特殊的行为,特殊的固执……"

他的父母在其三年级时就离异了,他被判给了父亲。他的父亲非常朴实,为生计在外奔波,但心思不够细腻……最终,导致他内心感觉缺少关爱,缺少安全感。

四年级时他早恋了。虽然有校规校纪的规定,虽然有班主任和科任老师的好言相劝,他还是不能自控。他会在老师面前胡搅蛮缠,会坚持己见。其他都好商量,如若了断此情,他宁可放弃学业。与之争论时,他会变得能言善辩,巧舌如簧。也许,这就是专家们提醒的,他们自己认为的经历和体验可以阻止任何一个想说服他们的人。

其实这个学生本质挺好。学校同学生重大疾病时,他会带头捐款。他为了小组的分数不落后,语文课上会积极举手。他的作文里会倾诉母亲对他的关爱,会表达自己对母亲的爱。尤其是叙述他初中以来的故事时,细致入微的描写会让你感觉到他了不得的情商。

"我今天陪他跑了一天的步,换了三身衣服……"他妈妈说,"为的是他要减肥。原因是她跟他提出分手,理由是他胖……于是他先要自杀——又想到减肥……疯狂减肥,乃至不听我的话。说不想上学了,即使来劝,也听不进去……"

"怎么办?怎么办?"我也问自己,怎么应对好这个"定时炸弹"。虽然我是校长,他也不一定会听我的说教。让他回家反省,又是对他家庭的巨大挑战。

周彬教授说,别走进他们的心里,进去了会很可怕。即使走出来,也会很受伤。很多人,不理解此观点的深刻,我是确有体会的。为什么不少教师患有心理疾病?也许是他们的责任心太强了,太走近学生了,太想驾驭学生了。如果不能科学调适,那就太痛苦了。

早晨上班,我第一件事就是巡视班级,看看他在不在,隔着玻璃,我分明看到他坐在那,手里拿着餐巾纸,纸上是星星点点的红色,分明是鲜红的血……不容多想,我先到九年级办公室,找到他们班主任。还好,昨晚他妈妈已经通知了班主任,班主任也一早提醒了各科任老师注意他的动向,尤其是不要招惹他。不过班主任也无其他安抚他的良策,更不知如何对待他。

放任,置之不理,毕竟是"定时炸弹",对他,对其他老师、学生那是不负责任。关注,理他,从何入手?不会反而触碰引爆"炸弹",一发不可收拾,最后家长问难学校……

"怎么办?上午第一节课是语文课,如何是好?"我纠结着。

忽然,我想起了早晨看的央视节目《朗读者》,想起了董卿的美丽和优雅,尤其想到了斯琴高娃的朗读,想到了让我情不自禁的情景。于是,灵机一动,为什么不试试呢?

斯琴高娃诵读的是贾平凹的《写给母亲》,她的阅历、她的艺术表演、她的真情表达、她和董卿的相拥而泣,谁看了不动容?反正我是被深深感动了!

语文课上首先是评讲上周末的讲义,我刻意先指导作文《其实你什么都明白》。"明白什么?怎么明白?怎么表达自己的明白?怎么表达出自己作文的真情实感?我们来看一段视频——明白要想打动读者,首先要打动自己。"

视频过后,整个教室唏嘘声不断。

"斯琴高娃读完贾平凹的作品后为何最后说'妈妈,我一定听您的话'?这其实是在明白了'子欲养而亲不待'后的真情告白:乘年少,听妈妈的话,珍惜母爱……"

从头到尾,甚至课上到结束,我都没正眼瞧他,考虑到他的特殊和敏感——余光观察,似乎有效果。

"今天在家很听话!谢谢黄校长的关心……"晚上9点,我打电话给他的母亲,她说。

我的幸福感油然而生。

回头思考,如何直面校内外的突发事件?要科学处理好。

(一) 教无常法,无声胜有声

记得叶圣陶先生提出:"凡为教,目的在于达到不需要教。"确实,为达到不需要教的境界,我们要想方设法。我们已经习惯了说教,而学生也早就厌倦了说教。如何让"老茧软化"? 如何让更多的触动改变心灵?对待他时,我没有照法常规,只是灵机一动,也是不得已而为之,效果则很好。将处在青春危机中的少年拉了回来。方法总比问题多,只要动脑筋,皆可为。尤其是采用科学的心理模式,定然成功!

如何才能突破常规?

1. 淡定从容

遇到班级突发事件,冷静面对,内心默念7秒——无论面对什么事件皆该在理智状态下才能妥善处理。

2. 知己知彼

陶行知先生认为,培养教育人和种花木一样,首先要认识花木的特点,区别不同情况给以施肥、浇水和培养,这叫"因材施教"。应试如此,立德树人、教化心灵更该如此。了解学生的动态、状态和心态,知道他们在意的是什么,而后再谋划策略,寻找方法,如此就能对症下药,药到病除。有的孩子适合循循诱导,有的孩子适合"狂风暴雨",有的孩子吃软不吃硬……量体裁衣,因人而异,对学生应该如此。

3. 多作联盟

曾经听一位年轻班主任怒气冲冲地打电话通知几位家长来办公室。当时我甚为担心,担心她和家长起冲突。哪个家长不希望自己的子女好?谁愿意受你批评与教育?我也担心她教育不好这些学生,自己反而受累。

于是,我提醒她要换位思考,要将家长拉到教育的同一战线上来,由此便会成功一半。在面对学生时,注意处理的基调应该是"拉"他而不应是"推"他,给他"上岸"的绳子,如此方能让他信服。多给学生们一些机会和信任。也许有的错误于他们一辈子而言,就是一瞬间的事情——最后的结局很好,孩子家长都心悦诚服。团结就是力量,多和教育者结成战略联盟,其作用是巨大的。

有此充分准备后,必然催发灵感,得到妥善的策略,获得不同常规的方法。"无声胜有声,无招胜有招"的效果也就会出来了。

(二) 科学得法,事半而功倍

华罗庚先生说过,把一个比较复杂的问题"退"成最简单最原始的问题,把这最简单最原始的问题想通了,想透了,然后再来一个飞跃上升。"大道至简",很多事情,费人费力,而后还事倍功半。

倘若对他开始便是劈头盖脸地批评,又是当众训斥,又是叫家长来问责,又是以恋爱后果相胁迫,他又会怎样?传统的方法必然会导致不可预料的后果。且不说浪费,但就结果而言,也许会小事变大。这不是杞人忧天,身边花季陨落的少年还少吗?悲剧已不是"鲜有闻"!因此掌握处事技巧,源于关爱,源于对学生、对家长、对事业的责任心。精心运筹,自然能获得妥善的处理。

由繁到简的过程,实为用智动心的过程。那么,如何让过程更简明?如何立足心理学,运用科学得法呢?

1. 把握社会知觉处理好师生关系

社会知觉是指个体觉察到社会性事物的刺激,从而表现出自己的对应性态度或者是行为,是我们试图了解和理解其他人的过程。每个人都不会生活在真空中,都有自己因为外界刺激而产生的喜怒哀乐。学生更是如此。关注细节,关注学生的一举一动,思考他们对社会的认知。如此,我们就能更精准地找到问题的关键,找到解决问题的方法。

2. 把握"无意"注意的规律组织教育

俗话说,无心插柳柳成荫。看似无心,其实有意。而对柳树而言,却是恰到好处的栽培和滋养。看似无意的构思、看似无意的活动,往往收获的却是有意的结果。

3. 把握感知规律进行直观教学

直观教学即以教具为感官传递物,通过一定的方式、方法向学生展示,达到提高学习的效率或效果的一种教学方式。让文学的律动浸染心灵,让表演的艺术叩开心房,让真挚的感情熏陶心田,让音乐的旋律陶冶情操……这些和简单的教师点拨说教融合起来,必然相得益彰。其直观的教学效果岂不更好更妙?

(三)为情妙法,金石亦可镂

育人的过程实为变心用情的过程。要想打动人,必先打动自己,这实在是不容易的事。苏霍姆林斯基说:"没有情感,道德就会变成枯燥无味的空话,只能培养出伪君子。"真情实感的流露在具体的德育工作中会得到意想不到的效果,也是心理教育的上层境界。反之,不但没有好结果,即便暂时有了,后来培养出的也是虚伪的人、戴面具的人、缺乏诚信的人。

如此看来,我们得要有多少的"注意"和"当心"呀!为应对检查而造假,为抢占时间而巧立理由,为问卷调查而编造条目……如果这样的话,我们都带领学生们在做什么?为什么我们不可以磊落些,直率些?为什么我们不为自己营造些纯粹、实诚、清爽的健康育人空间?此景可期,此情可待。最妙的方法是大爱为善而用情——用心用情必然能为我们造就美好的育人情怀和融洽的师生关系。陶行知先生提醒我们要"爱满天下"。如若我们真想到了,做到了,尤其在教育教学的细节处让孩子们、家长们感受到了——再顽固的坚冰,再"钢化的石头"也终究能为情所动,为人所开。

不敢说走进心灵,怕被个性特别的经历牵扯太远,怕被受伤的别样心灵感动太深。虽未走进,但心不相隔,用心用智用情,诸事可就——静待孩子们成长、教师学校发展的"春暖花开"。

思维在魅力的课堂——从语文课上邂逅友善说开去

我很纳闷、郁闷:马上要对全市进行课堂教学直播了,班上竟然还有五张学生座位是空的。

"报告!报告!报告!……"

"从哪里来的?"

"老师办公室。"

"为什么?"

"作业——没完成……"

"哈哈哈……"

天哪,教室门口一下子冒出了五名同学。他们个个气喘吁吁,一脸沮丧,估计被班主任批评了。他们的"狼狈相"引来班上不少哄笑声。

这是正在对全市现场教学直播的语文课呀！不放他们进来，肯定不行，我不能阻止他们上课。立刻放他们进来，显得很草率——让其他老师、家长如何看待这个班？如何看学校管理？毕竟他们因为自己作业没做好，以致被请到办公室，以致迟到了，以致丢脸了。他们得承担这份责任。

我想：班上这帮哄笑的学生，如果任其发展，也不合情理。不然，"嘲笑"入了主流，"幸灾乐祸"成了主角，班风会怎样呢？他们的健康成长如何实现呢？社会主义核心价值观中的"友善"教育如何实现呢？

也罢，我灵机一动：改改我们这节直播的语文课的形式和内容吧。

"同学们，你们课前读完《飞翔的馒头》并完成文章后面的阅读题了吗？"

"完成了。"

"好，我们现在就来讨论最后一题：思考对题目的理解和感悟。请班长作答。"

"馒头是文章的线索，起到了贯穿全文的作用；'飞翔'这个词用得生动形象，将馒头写活了，略含凄凉之感。表面写的是馒头，其实折射出的是父子俩对馒头、对生活的不同态度；馒头是父亲冒着大雪，送给在校求学的儿子的，包含深深的父爱、浓浓的亲情。"

"回答得不错！那儿子呢？他一开始是因为旁边同学们的观望和哄笑，让馒头'飞翔'了，后来又抱着捡回馒头的父亲痛哭，这又是为什么？你悟出了什么？"

"儿子悔恨了，愧疚了，因此流泪。他觉得为了自己的面子，做了错事，伤了关心自己的父亲的心。"

"正确！那我们悟出什么呢？也就是应该怎样做才符合中学生的身份？"

"关注生活中发生的细节，理解长辈对自己的关心，珍惜关爱，珍惜亲情！"

"善待长辈，知道感恩；善待他人，不该嘲笑别人！"

"大家分析得很好！你们刚才的笑声，老师听得别扭，太刺耳了。和文章中雪天里的那帮围观玩闹的孩子有何不同呢？对，嘲笑，绝不可以！……"

"但有人说，黄老师，我现在又挣不到钱，没有办法孝敬自己的父母长辈，怎么办呢？大家想想看。"

"听话——不因为父母多说几句就觉得唠叨、厌烦，乃至顶撞他们。"

"好好学习——自己学习上的事情自己努力做好。"

"勤奋刻苦，努力认真，不让父母操心，自己的学习态度要端正……"

"你们太聪明了！"

"古语说'百善孝为先'。我们目前孝顺父母的最好方法就是听从他们的教导,努力学习,健康成长。更多时候,不要厌烦他们,不要伤他们的心。你们五位同学,连最基本的作业都不做好,应该吗?"

"不应该……"

"就如同父母努力工作,抚养你们一样。学习也是你们的工作,是你们自己的责任,万不可懈怠。"

"另外,我们上午读的文章《教养是最好的名字》。什么是教养?尊敬长辈,友善同学,你们坐着的同学做到友善了吗?"

"没——没有……"

"我们是一个班的同学,是一家人,互帮互助、团结向上、合作共进才是正道,对不对呀?"

"对!"

"好,老师提议:让我们用热烈的掌声欢迎他们进班。"

"哗哗——哗哗——"

"这掌声里包含了什么?"请刚进来的同学说说。

"包含的是信任,是鼓励,是督促,是关心,是友情,是友善……"

"不错。是友善。友善不仅仅贴在我们校园里,不仅仅挂在墙上,不仅仅记在我们心里,更重要的是要落实到行动中,让大家都能感受到友善的存在。老师的掌声里包含的是我们一起遇见社会主义核心价值观中友善的幸福,是见证你成长的温暖。让我们一起再真诚友善地彼此笑笑。"

"哈哈哈……"

笑声中,我们的小半节语文课过去了。我不知道正在看直播的学生作何感想,正在看直播的老师作何感想,正在看直播的家长作何感想。实事求是地讲,在现场的我是感动的,幸福的——或许这就是我推崇的"大语文",生活处处皆语文,或许这就是自己强调的"五练教法"中的练心之法。这里的"心"是指思想、感情。这或许也是自己特别钟爱课堂教学,特别钟爱一线,一直坚守在三尺讲台的原因吧。

课后省悟:

兴趣是最好的老师。调查当下,有多少学生是对语文学科感兴趣的?如何激发学生学习语文的兴趣?如何凭借激扬语文内容的魅力来吸引学生们的眼球和极富时代性的心灵认同呢?如何让常态的语文课堂魅力无限,使之成为学生们喜欢在和喜欢学的地方?

1. 弄明白魅力是什么

魅力指的是很能吸引人的力量。语文魅力的彰显有其可行性、独特性、延续性和丰富性。借助师生的共同努力,于细节处、细微处、细致处,语文的独特魅力必然能得到大家的认可和感悟。当然,其博大精深的宏观思想,也必将能吸引更多的人去思考、揣摩、探究和礼赞。

2. 弄明白语文文本的魅力之所在

文本,是传达思想、表达感情、抒发心志的重要载体,也是语文语言表达精彩的重要呈现,更是学生体会语文的人文性、工具性的重要途径。《飞翔的馒头》告诉大家的是亲情、友情,还有人文教育于成长成人的意义和价值。她似一面镜子,照出了人性的善恶美丑;她似一声警笛,警示大家成长的薄弱环节。文本的教育魅力折射的是语文的人文魅力。

3. 弄明白语文课堂的魅力之所在

课堂的魅力在于"自主"意识的融入和贯彻,在于对课程自主创新的唤醒。

(1) 唤醒教师教学行为"自主"的存在

不必拘泥于严苛的条条框框,不必局限于教案的每字每句,只要有利于学生身心健康成长,有利于学生语文素养的提升,只要不违背教学大纲的具体要求,教师可以灵活自主地确定自己的课程内容和教学方法。一旦如此,反而能激发学生的学习热情和兴趣,而这恰恰是教师教学智慧的最好体现。

(2) 唤醒学生学习行为"活泼"的存在

不知何时,语文课堂变得"死气沉沉",学生吸纳相关的知识和思想,味同嚼蜡。与时俱进的知识内容太少,贴近生活的素材不多,学生感觉学得索然无味。以致课堂上主动举手的人越来越少。而教学,又一味地强调文本思想,强调对文本的领会和把握,忽略了学生的"活泼"思维。尊重学生,让他们自主地学习,自主地思考语文的内容,或许如此才更有意义和价值。

(3) 唤醒文本阅读行为"生动"的存在

"死读书,读死书"的行为常常被人诟病,甚至于被定格为书呆子的"招牌"。于精品或经典而言,也应该怕被固化为"填鸭式"的材料。不然的话,怎么会有"一千个读者就有一千个哈姆雷特"之说呢?由此,阅读文本应该生动地进行。

何为生动?贴近生活,贴近自然,鲜活地展现。《飞翔的馒头》中的"群笑"和课上的"哄笑"被有机整合起来了,于是,文本也随之"活"了,思想也"活"了,思维也"活"了。

4. 弄明白语文教学的真正意义之所在

于漪老师的学生分享自己对老师的印象,写到了当年她是如何指导学生学语文的。我读罢一时困惑:一般没有书面的语文作业,就是记忆深刻的读书和写作。为什么她的学生成绩都很好,尤其可贵的是,很多意想不到地走上了文学的道路,都说是受她的影响。这表明,她该有怎样的语文教学魅力呀?!"亲其师,信其道"在于老师身上得到了最好的说明和展示,也正是语文教人"明理悟道修身"的最好诠释,也是语文教学最大的魅力和意义之所在。

语文课程标准强调:语文课程是一门学习语言文字运用的综合性、实践性课程。工具性与人文性的统一,是语文课程的基本特点。语文教师应高度重视课程资源的开发与利用,创造性地开展各类活动,增强学生在各种场合学语文、用语文的意识,通过多种途径提高学生的语文素养。就此,我们一起改变对语文课堂的认知态度,让自主课堂成为主基调,让孩子们喜欢的魅力课堂成为主方向。相信大家努力激扬语文的无限魅力,语文素养的不断提高定然会实现。

思维在自主的课堂——让"自主"务必"真实"起来

新课程改革一直积极倡导"自主、合作、探究"的教育教学新样式、新生态。众所周知,"以人为本""以生为本"是课程改革的核心和出发点。于是乎,为了更好地突显学生的"自主"地位,不少"伪自主"粉墨登场。货真价实地去追求课堂的实效才是"自主课堂"的意义之所在。围绕"自主语文"课堂教学的主要问题,为了学生,为了实效,不妨从四方面来解决。

1. **课堂讲解"伪自主"**

为了构建出高效的语文课堂,也为了激发学生的语文学习热情,更为了提升学生的语文素养,在素质教育下,一线语文教师要有效地将自主教学模式与高效语文课堂结合在一起,引导学生在自主交流、独立思考和主动探究中掌握基本的语文知识。课堂是教育教学的主阵地,也是学校提高教学质量的主抓手。于是,教师们都喜欢在课堂改革上做文章。

这不,某省开设的一节公开课,内容为苏轼的《水调歌头》。语文老师站在一边,学生"自主"地展示着自己自主学习的成果:不但有精美而丰富的课件,而且有详尽的资料——从课内到课外,从文章内容到课后习题,甚至于在课堂上自主提问,自由机智地解决同学们提出的任何问题,俨然一名小老师的模样。激情处,甚至于还示范诵读,声情并茂。语文老师反而在一边无所事事,听他介绍说这个班的课件已经积累了几百个之多。听课老师个个感慨:这名学生真有两下子!确实,她的诵读一般的老师还真比不了。况且,她的讲解又是那样入木三分、鞭辟入里——据说,课前,学生和家长花了一周时间准备上课材料和课件。语文教师也在课前对她单独做了数次精心的指导。大家似乎对这类课堂颇感兴趣,完全放手让学生去做。

试问,这是完全意义上的"自主"课堂吗?老师的主导到哪里去啦?貌似学生成了课堂的主角。其实呢,这名学生仅仅是做了课本和老师的替身而已。她更多是在作知识宣讲而已,缺少思维的碰撞火花,缺少更多学生的自主——绝大部分学生成了被动接受者,没有实现更广泛意义上的自主学习。

真自主在于"思"。"学而不思则罔,思而不学则殆",真正的自主在于对学生思维的尊重和重视,在于提高学生的思维能力,培养其思维品质,使其养成积极自主思考的习惯。这里的课堂是要面对绝大多数学生的自主课堂,而不是极个别学生的自主课堂。不是由教师的填鸭式授课换成学生对学生的填鸭式授课。在上面提到的课堂里,学生同样成了知识的"硬盘"被动存储知识。让所有学生一起感受"但愿人长久,千里共婵娟"的美好祝愿,尤其是在"每逢佳节倍思亲"的中秋之夜,体会作者思亲念人的愁绪以及和亲人共赏一轮圆月的愉悦。完全没有必要让一个孩子唱"独角戏"。真正的自主课堂是大家的,是师生共建的,是其乐融融的。

2. 小组合作"伪自主"

在自主学习的课堂上帮助学生完成知识的构建和自主能力的发展,达到认知与情感的融合、知识获取与能力提高的并重,是教师角色重新构建的关键。小组合作成了大部分教师们认可的课堂组织样式,甚至要实现课堂的"热火朝天"恐怕没有比小组合作更令人心动的了。全班总动员,貌似每个小组都在活动,每个人都在参与,每个人都在思考,其实不然,小组合作像是硬戴上去的"帽子"。为了合作而合作,所提出的问题没有合作的意义和价值。比如在《水调歌头》一课中,教师让学生组内交流分享这课字词、作者简介以及写作背景知识。其实分分钟可以解决的事情却非要"合作",岂不是费人费时也令人费解?小组合作中,组长唱主角,其他同学旁听,更有甚者,组长直接报答案,学生一记了事,不问对错。如此这般,合作又有何意义呢?

真自主在于"活"。曾经听一节网络直播课《走近曹操》,很佩服授课者的创意。他让学生合作探究曹操的忠奸,即曹操到底是个奸臣还是个英雄。学生凭借网络平台,在 BBS 上合作探究曹操的忠奸。大家探究后明白了:历史上的曹操是个胸怀天下、有文韬武略的大才。而《三国演义》中的曹操是罗贯中塑造出来的人物形象,他受作者主观因素的影响,被人为地塑造成了一个衬托刘备等汉朝正统人物的反面角色。探究完之后,学生豁然开朗。

这节课上,学生自主而灵活:他们灵活地思考曹操的形象,灵活地在互联网上查找资料,灵活地在平台中讨论问题……课堂的精彩因自主灵活而不断呈现。

3. 美文诵读"伪自主"

教师以符合教学需要的教学行为参与教学,实现对课堂教学的变革。教学行为是教师表达教学理解、引导学生学习、促进学生发展的手段和途径,教师的教学行为直接影响到课堂教学的效果和质量。不知从何时起,语文公开课堂又有了琅琅读书声。师生自主地读书情景令人感动,不但有老师声情并茂的范读,而且还有学生各种形式的朗读。这本身是一件好事,学校本身就是读书的地方。可惜,读书往往被"虚伪"化了。一面是常态课堂,极其难得听到学生或者老师高声诵读的声音。一面是其他学科的教学常常忽略了朗读的存在。一面是语文课堂本身不知道朗读的作用:课堂开始,未走入文本深处,学生对文本主题还处于一知半解阶段,便贸然引领学生"声情并茂"地诵读全文——谈何容易?即便是大声朗读,也仅仅是为了读而读,为了读书这个环节的实现而读,并不是将诵读当作学习的一种状态乃至境界而去和学生一起实现或享受这个过程。

真自主在于"解"。其实,这里的真正自主诵读在于理解朗读的重要性,解决朗读的作用问题,明白朗读的魅力之所在。

首先,就语文的文学味而言,精美的作品确实需要不断地咬文嚼字,不断地朗读品味,不断地揣摩玩味方能领悟出作品的精神内涵和文学魅力。不然,怎会有"吟安一个字,捻断数茎须"的快乐和幸福?"三月不知肉味"是非要用心体会才有的,岂是三言两语就能享受的?

其次,倡导全学科阅读以来,大家忽然发现,学生阅读理解能力,直接影响到了他们的解题答题能力,直接影响到了他们最后的得分。而朗读,不但能培养他们的语感,而且能培养他们良好的阅读习惯。在逐字逐句的诵读中,他们对文字的兴趣也逐渐地被激发出来了。殊不知,多少学生连读完数理化题目的耐心都没有,又何谈做对题目呢?况且,目前升学对阅读理解的要求越来越高了。

最后,语文课堂的朗读教学是一个循序渐进的过程。学生的美读不是一蹴而就的,需要在渐渐了解文章内容,理解作者的写作目的,领会完作品融入的真情实感后,方能实现。以《水调歌头》为例,唯有读透了"照无眠"后,才能知道作者为什么"弄清影"。唯有在理解作者孤独、寂寥、思亲的主题后才会领悟到"但愿人长久,千里共婵娟"这句的非常了得。这份祝福的美好跃然纸上,令人感动,令人不得不佩服作者立意的新颖和情理之中的联想。作品依靠层次,娓娓道来,吟诵起来自然抑扬顿挫,感人至深。

4. 作业批改"伪自主"

情境教学是被很多专家推崇的教学模式。其着力强调建构"情境—自主"教学模式,主要流程为:创设情境,自主体验;引导质疑,自主探究;交流展示,自主建构;问题解决,自主运用;课堂反馈,自主达成。作业的自主批改在情境教学的诸多环节中会不断出现。以语文的作文教学为例,为了让更多的学生能自主作文,当下语文教师常常让学生互批作文。教师不做精心思考和准备,也没做精心批改,当然谈不上量体裁衣、因材施教了。于是,一所省重点高中的学生感慨:我们的语文老师太不负责任了,从来不给我们批改作文。都已经半学期下来了,不知道他在干什么。只知道天天要我们背作文,不知道背到最后会怎样。想来,不少中学语文老师都在干着同样的事情。

真自主在于"实",着眼学习的"实实在在"。真正高明的语文老师知道如何巧妙地解放自己,又能让学生充分地自主。就以作文批改为例。首先,教会学生评价的标尺。可以设置好评价的表格。如此,不但能让学生批改时有依据,而且也让他们明白如何才能写出让别人欣赏的高分作文。其次,清楚地告诉学生怎样的应试作文才能取得高分。哪一点最重要?到底是立意、选材,还是结构、语言表达等?以朱自清的《背影》为例,虽然没有华丽的词藻,没有壮美的画面,但有细腻入微的描写,文章表达的感人肺腑的真挚感情足以打动每一位阅读者。这样的作品怎么可能不是精品呢?最后,教师的精心批改必不可少。或者是对学生作文的直接修改,或者是学生修改后的复批,或者是有针对性的量身定做式的批改。如此一来,学生的自主批改是不是更实在了一些?学生的写作提高指导训练是不是更扎扎实实一些了呢?

"醉心课改,精心自主"是我们教育者的责任和使命,也是提高教学质量的智慧策略。去伪求真,让自主"点燃"学生智慧的"心灯",我们一起努力,立德树人,不负韶华!

思维在构建的课堂——构建课堂魅力的技巧浅谈

课堂是主阵地,提到语文课堂教学,很多人都说要有魅力才行。那么什么是真正的魅力呢?什么是完全意义上的魅力课堂呢?什么是完全意义上的魅力语文课堂呢?作为坚持母语教学的语文人更有责任和义务去思考和实践魅力语文课堂教学。这是于学生、于教师、于教学效果都是大有裨益的。

魅力是什么?如前文所述,它是一种很能吸引人的力量。显然,这里的"魅力"是名词,那后面怎么跟了宾语——语文课堂呢?岂不是犯了语法错误?有人会质疑。其实,这里的"魅力"采用了使动的手法,是名词活用为使动词,其具体意思是使语文课堂具有吸引人的力量。如此,就应该能看出其明确内涵了。

现实教学中,我们感受到了语文课堂上的魅力了吗?台上口若悬河,台下如在梦里。台上字字珠玑,台下呆若木鸡。学生的"麻木"表现是上课教师的无奈和悲哀。教师缺乏亲和力,学生的思想则是"闲庭信步"。模模糊糊的"填鸭式"教学似乎还在不少语文课堂上机械地上演着,其悲哀是不言而喻的。那么,如何让语文课焕发生机,充满活力,富有魅力,进而让学生爱上语文呢?

1. 彰显生命个性,关注学生自主,着眼能力提高

课堂教学是语文教学的主阵地,抓住了课堂就抓住了牛鼻子。我们要经常思考,语文课堂教学的目的是什么?具体地讲,老师教的目的是什么?学生学的目的是什么?曾经,有人很尖锐地批评别人的公开课,说是"游离"文本太远,没有抓住语文的语言要素去深入挖掘,去咬文嚼字,去将语文的工具性透彻地落实到位。对文本的关注自然是必要的,而且是应该的,但绝不是评判的全部。文本更多的是教育教学的载体——学生学习、教师育人能力提高的载体,不是教学的根本目的。学生的发展情况或许更该是课堂施展的主题意义之所在。关注"人本"永远比关注"文本"更有价值,更具远瞻性。

课堂是每个参与教学者的课堂。教师需要用智慧,需要用心地去勇敢地将语文教育的责任承担起来。教师需要树立正确的课堂教学观,确保教学过程的科学合理。专家说,懒教师出勤学生。当然,此处的"懒",应该不是"无所事事",应该是刻意的智慧的"懒",应该是让学生充分行动起来的"懒"——学生真正动起来

了,自主意识非常强烈了,那良好的学习效果和成绩就出来了。我们要经常想,"满堂灌"的教师是不是自己感觉很辛苦呢?看到学生的木讷眼神是不是感到遗憾呢?辛苦的我们什么时候能真正给我们自己减负呢?尤其是在确保教学质量、确保学生健康成才的基础上给我们自己减负呢?这是能力,这是考量,更是大智慧,需要广大教师的团队合作才行。

2. **浸润浓浓情感,关注文学特质,着力素养提升**

多年前,叶圣陶先生就下了定论:事实上,语文是情、意、形的集合体。这个"情"是思想感情;"意"即意思,表达的内容;"形"指语言文字的表达形式。

记得和学生共同学习《红军长征》课文,当我请学生自由找出文中令他们最感动的片段时,一名学生找的是小战士向彭德怀汇报战斗英雄——周团长为了不拖累部队,自己爬进了水塘的片段。她读的第一遍不到位,尤其是未能将小战士筋疲力尽时的语气、感情读出来,本段中省略号的妙处也没能感受出来,自己分析得就更不准确了。而后,我又请了成绩比较理想的学生读,还是不行。我又让全班集体朗读,还是不行,有的同学甚至还在偷偷笑话别人。仔细想来,之所以如此,无疑是因为学生对文章理解不深刻。于是,我让学生读一遍,分析一次,再读,再分析,再读……读过九遍之后,当我对学生朗读的效果大加赞赏之后,学生似乎没有如往日那样激动。

后来,我放了电视剧《长征》中一段红军过草地的内容,课堂上出现了一张张泪流满面的脸!那么多双红红的眼睛,连平时调皮的同学也……我不忍再看下去了!电视剧拍得很平实,可我的学生能在这短短几分钟内,能在我的语文课上有如此的表现,有如此的心灵经历,我真是太高兴了……我高兴,是因为他们看了《长征》的这一小片段后感觉有了,情感已逐步融入长征了,"长征精神"他们领悟了,文学艺术的感召力和穿透力的影响写在了他们的脸上。我还奢望别的什么呢?

3. **蕴含生成创造,关注细节灵动,倾心思维训练**

英国教育家斯宾塞说:"一个无论怎样竭力坚持也不过分的,就是在教育中尽量鼓励个人发展的过程。应该引导儿童自己进行探讨,自己推论,给他们讲的应该尽量少些,而引导他们去发现的应该尽量多些。"这里所讲的"引导""发现",无疑就是进行设疑点拨:巧妙地设疑,甚至引导他们自己提出问题,再通过点拨,让学生从"学会"走向"会学"。"会学"就是一种能力,是一种很高的能力。

托尔斯泰说过:"成功的教学所需要的不是强制,而是激发学生的欲望。"如果教师不想方设法使学生处于情绪高昂和智力振奋的状态,就急于传播知识,那么这种知识传播只能使人产生冷漠的态度。如果没有欢欣鼓舞的心情,学习就会成为学生的负担。关注细节灵动、注重思维训练必然能为高效高质的魅力语文课堂提供不可或缺的支持。

语文教学中,要想激发学生兴趣,魅力语文课堂的方式是非要教师下苦功,非要教师"下海"不可的。应试如此,中考高考更是如此——只有教师"下海"了,学生才有"上岸"的可能。面对新课程,我们每一位语文教师都应该重新审视自己的课堂教学,尤其是狭义的应试课堂,应努力由表及里地创构阳光的、和谐的、智慧的、灵动的、深刻的、富有情趣的语文课堂,使语文不再处于边缘境地,让语文课堂魅力四射,使学生真正成为学习的主人,让他们自主地、有滋有味地、快乐幸福地遨游在文学的多姿多彩天地中——哪怕是为了应试!

思维在"四步"课堂——自主课堂助力语文思维提升

"语文教材中包含着丰富的思维因素,凝结着人类优秀的思维成果。因此,在语文教学中进行思维训练可谓是得天独厚,尤其是阅读教学。"不难看出,语文教材中文本阅读于学生思维能力提升的意义。当然,对于文本的把握剖析主要是在语文教学过程中实现,尤其是在课堂教学中实现。由此,课堂教学的设计就显得非常重要了,当然这也是学生思维能力提升的主导思路。基于以上认识,尤其是基于课堂教学对语文思维能力的提高有其不可取代性,我们设计了"四步"课堂。为了能够实现"兴趣是最好的老师",为了更好地阐述"四步"课堂,下面借助《植树的牧羊人》和《曹刿论战》的课堂教学实施实况,梳理出语文思维在课堂内外的灵动演绎和灵活提升。

1. 课前自主学习:语文思维融合在自主阅读习惯的养成中

语文课程标准强调:"语文教学应激发学生的学习兴趣,培养学生自主学习的意识和习惯,引导学生掌握语文学习的方法,为学生创设有利于自主、合作、探究学习的环境。"显然,"自主、合作、探究"是新课改积极倡导的学习方式。如何智慧地将其融入常态课堂中考量着每位教育工作者。由此考虑,在《植树的牧羊人》教学设计中,课前有"自主学习"环节,并且形成了相应的额定的作业要求。要求学生完成五个板块的任务是:字词积累、文章结构、主题思想、美文赏析和问难质疑。这五个板块共同构成了独具特色的"自主学习卡片"。

"字词积累"体现了语文课程标准中要求学生在义务教育阶段掌握3500个字的量化目标。学生可以在文本中边读边找,比如"烤焦"的"烤"字在课程标准的第56页就有明确的要求。可引导学生练字摘抄,强化记忆。当然,也可以引导他们从书下或书后的生词表中摘抄,比如"帐篷"的"篷"字,新课标的第59页也有明确的强调。这个环节让学生养成读书积累重点字词的好习惯,毕竟语文是"咬文嚼字"的学科,并且也强化了新课标的要求,明确了具体的目的。

"文章结构"是文章的框架。这就好比人的骨架一样,骨架正了,人方能实现"立如松"的模样。这篇文章以时间为线索,先写老人隐居荒山,辛苦植树;再写十年后,荒山荒地已经蔚然成林;接着写老人不断努力植树,绿洲奇迹已经诞生;最后老人健康长寿,自己辛苦努力的荒地变成了人们幸福生活的沃土。学生在思考归纳中,理清结构,明白思路,知晓结构的意义所在。

"主题思想"是文章的灵魂。作品以第一人称叙述,通过"我"的所见所闻所感,塑造出了一个平凡而伟大的形象。因为平凡,所以亲切;因为伟大,所以仰慕。对文章主题思想的领悟,引导学生思考人生的意义;对老人一生的高度评价也是对学生"三观"的修正,使学生的思维方向更明确。

"美文赏析"是丰富学生审美情趣,激发其阅读兴趣的有效途径。找出文章中的优美部分:或文辞优美,细腻生动,或思想深刻,极富哲理……让学生在欣赏时思考阅读和写作的技巧和方法,思考语言文字所折射的文化和感情。

"问难质疑"是对思维能力的历练提升。学贵在能疑,"不愤不启,不悱不发"提醒我们学生自主思考、自主提问的重要性。这项设计引导学生在自主学习过程中,要不断思考问题,对有疑问的地方,清晰地提出来;引导学生要敢于质疑,尤其是在有理有据的前提下敢于"质疑",敢于说"不"。

这些环节的设计,既有对文本具体文字的思考,更有对文本内容的解读。尤其是实现了与文本以及作者的实实在在的"对话"。当然,更主要的是让学生语文学习习惯的养成形成自己的体系。就此,持之以恒,学生定然能形成较好的自主阅读习惯和自主学习习惯。这些环节的设计是循序渐进的,是符合学生语文学习的心智规律的。

2. 课堂分享成果:语文思维碰撞在课堂教学的合作交流中

第一,学生在课堂上,分享自主学习成果。在这里,学生将课前自主学习的收获展示出来。既有思维成果的表达,更有表达思维的训练,一举两得。学生一般会轻松地分享积累的字词,分享法国作家让·乔诺的简介。课前,在自主阅读的基础上,学生可以查阅相关材料,借助多媒体平台等,自主学习,自主获得。语文课程标准强调:"阅读教学是学生、教师、教科书编者、文本之间对话的过程。"学生课前的自主阅读,尤其是借助多种途径的各类"对话",自然能让自己的思维在自主学习中得到锻炼。

第二,小组交流自主学习中不会的难题。可以是文本中的遣词造句,也可以是对文本的理解,也可以是其他。没有规定的问题,只强调语文思维的灵动和情感的良性表达。就此,学生的思维在碰撞,语文思维的火花在迸发。有学生就针对"如果他慷慨无私,不图回报,还给这世界留下了许多。那就可以肯定地说,这是一个难得的好人"这句话提问:这里的"许多"可以去掉吗?尤其是这位孤独的老人到底为这个社会做了哪些事?借此理清文章主要内容和创作思路,初步体会了人物形象和作品感情。

第三,语文的合作意识在思想的交流中得以深化。新课标强调的"合作、探究"让更多的机会和路径融汇在了课堂上。在对文本关键人物的谈论中,合作成果得到了彰显。学生在各个小组先交流学习收获,包括对作品主要人物形象的分析和思考:牧羊人伟大而崇高的形象,他的奉献精神,他的坚韧不拔的意志、品质在你一言我一语的分享中逐渐丰满起来。最简单、最直接的问题和内容在分享环节已经解决,学生在小组合作中已然有了一定的收获、思考和理解。分享的内容还包括对"人类除了毁灭,还可以像上天一样创造"的思考,思考毁灭和创造的逻辑辩证关系等等。知识积累、思考体验,甚至疑问困惑在这个环节都可以先处理好。

3. **课上质疑探究:语文思维辩证在问难质疑的追问探究中**

前面分享过程中出现的小组内不能解决的问题,自然进入班级讨论探究环节。一般情况下,对关键问题的自主提出是最能彰显学生自主学习成果的,也最能反映学生的思维能力。对这些问题的探究,也最能提高学生的思维能力。问题从何而来,文本是重点源头之一。"阅读教学要立足文本,文本的理解过程也是思维的过程,阅读教学也是对学生进行思维训练的过程。"引导学生提出问题务必要围绕文本,要紧扣文本,精准提出问题。文本是主要依据,更是出处和来源。

鲁庄公到底是个怎样的君王?在研讨九年级上册的《曹刿论战》一文时学生讨论得特别热烈:

一部分学生认为他是"肉食者鄙"的最好代表。因为他的目光短浅反映在诸多事情上:①他认为自己已经获取了大家的支持,因为"衣食所安,弗敢专也,必以分人",自己的大方应该能获取民心。曹刿直接否定,"小惠"不能遍及百姓,老百姓是不会跟从的。很明显,鲁庄公将希望寄托在少数贵族身上是靠不住的。②他又以为"牺牲玉帛,弗敢加也,必以信",那么神会护佑的。他居然以为战争的胜负靠的是神灵是否保佑,这种看法显然是荒谬的。③战斗关键时刻明显冒进。一次"公将鼓之",一次"公将驰之",都显示出鲁庄公缺乏战斗谋略,容易受骗上当,弄不好,误民误国,是个昏君。

一部分学生认为鲁庄公是个明君,因为有他,才有了"长勺之战"的以少胜多。①勇气可嘉。面对齐国三十万大军的气势汹汹,他没有退缩,一直考虑怎么迎敌,可见他的英明果断。②广开言路。在关乎国家命运的关键时刻,他能耐心地和曹刿几问几答,能听从曹刿的建议,说明了他的胸襟和气度是相当了不起的。③敢于用人。在战斗的关键时刻,他用人不疑,认真倾听曹刿的建议,千军万马的进攻和追击与否都听曹刿的。如此的信任,确实令人佩服。④虚怀若谷。文章最后,鲁庄公虽然取得了战役的胜利,但依然虚心向曹刿请教取胜的原因,可见他的坦诚、实在,没有不懂装懂,更没有刚愎自用。

人物形象的剖析本身就有两面性,何况"人无完人"呢?学生紧扣文本的质疑探究有争议是正常的,可贵的是这恰恰反映了思维的灵动,反映了思想碰撞的妙处。如此之后,大家不但对人物形象的把握更到位了,对作品主题的思考和理解也更深刻了。

4. 当堂巩固提升:语文思维提升在思想火花的总结提炼中

课堂最后的学业练习,既能强化教学重点难点,也能激发学生对课堂过程的高度重视,进而提高课堂效率。当然,当场巩固的形式可以是多种多样的,比如口头的、书面的,甚至是活动式的。题目、题型和题量,可难可易,可多可少,可灵活处理。

思维在生态的课堂——自主教学意在高效,遵循"生态"着力幸福

教学的主体到底是谁?教学的高效到底如何验证?教学的魅力到底如何彰显?自主的内核到底谁来享受和承载?……

思考越多,答案越清晰和明朗。的确,就是学生!或许这就是"一切为了学生,为了学生的一切,为了一切学生"的真意吧!学生的成长和发展才是教学的根本意义之所在。于是,一切问题必然为之展开和终结,这才是诸多活动的主旨之所在。

1. 自主教学妙在精心谋划

结合对众多学校参观考察后的所见所闻所感,根据学校的实际情况,结合国外课堂教学的有关要领,依托新课改"自主、合作、探究"精神,我们谋划出了自己的"三三三"教学模式。

第一个"三"是指三个层次。班主任将学生分成三个不同层次。这样,一来便于教师了解学生学习状况,从而有的放矢地开展分层教学;二来有利于教师掌握学生学习变化情况,判断教学效果。

第二个"三"是指三个阶段。一是学生自学阶段,充分调动学生学习主动性,培养学生良好的自主学习习惯;二是教师导学阶段,课堂上教师发挥好组织者、引导者、点拨者的角色,帮助学生答疑解惑,引导学生顺利掌握知识;三是巩固训练阶段,每节课留 15 分钟左右的时间,进行课堂练习,力争达到课课清的效果,有效巩固学生课堂所学。

第三个"三"是指三种作业。学校要求学科教师对不同组别的学生布置与之相适应的作业。对尖子生,让他们侧重做一些有利于学科知识"加深""加高"和"加厚"的思维型拓展题;对临界生,让他们侧重做一些有利于查摆薄弱环节的实践型能力题;对学困生,让他们侧重做一些教学大纲要求的基本知识巩固型积累题。三种作业,让每位学生都享受到了学习的愉悦感和成功感。

扬中市联合中学课堂模式的基点是学生自主能力的提高,课堂高效的实现。为的是让学生在合作中收获幸福,在练习中感受事半功倍的快乐。

2. 自主教学贵在提高执行力

再好的思路,如果老师们不理解,不接受,不积极实践,那就是一句空话。为提高学校自主要求的执行力,学校注重三方面的调动。其一,通过捆绑式考核机制,调动团队合力。给班主任自主权,调动他们的责任心,调动他们的主动性。其二,通过捆绑式考核机制,调动教师的责任意识。让教师们的教研热情在教研组、备课组的舞台上彰显。其三,通过绩效奖励机制,调动教师的科研热情。大力倡导创新意识,大力奖励实干教师,大力为教师们提供发展途径——让"幸福师生"落到实处!如此,学校执行力的提高自然不在话下。

3. 自主教学重在激发内驱力

每每看到学生在老师的"威吓"下愁眉苦脸地"奋发",我们就不禁反思:为什么呢?难道非得"教成人,结成冤"吗?每每看到我们的学生在低分面前目瞪口呆,每每看到我们的老师对考分的执着,自己就不禁反思:难道教学的真正意义就在于此吗?

于是,我们尝试让学生从一个成功走向另一个成功,走向对自我学习能力的认可:我们会告诉他们早读课读什么、背什么、默写什么。我们会告诉他们练习考什么。我们会和他们一起谋划中考、高考到底考什么内容。此时,我们是一起攻克难关的兄弟姐妹,我们是一起游戏的朋友伙伴,我们是一起战斗的战友。当你看到他们靠自己的努力取得高分时,怎么会不为他们高兴呢?当我们看到他们自主奋斗的状态时,怎么会不为他们激动呢?其实我们辛苦的最大意义不是将他们威慑住,而是令他们掌握必要的知识,提高必要的能力,训练有用的技能。如此,或许对学生的应试和成长才更有价值。

4. 自主教学旨在培养思辨力

很多老师感慨:如今的学生不知道思考,不知道提问,不知道请教……于是课堂上,我们作了"任务式"的训练。以《捕蛇者说》为例。其一,安排学生依靠《古诗文解说》自学课文。其二,每人就字词翻译以及文章内容提出两个问题。其三,掌控节奏,直至每人将提好问题的手举起来。其四,小组交流问题,团队内部解决。其五,班级讨论交流不能解决或模棱两可的问题。此刻精彩的思辨出现了。

"缘何捕蛇人非要将蛇养在家中呢?那样毒的蛇岂不是很危险?为何不立即将其晒干?"这些问题为班级灵巧的同学所问,小组内争论不休。

最后大家讨论总结出:①答案不可凭空想象,应紧扣文本来回答,这是必须遵循的答题技巧。②活蛇的加工一般由官府完成,这由文中的部分信息可推测出。

"柳宗元是官吏,为何他敢于揭露和批判苛政呢?"

……

如今的课堂已由先前的知识传授向思维能力的训练,向价值观念的养成转变。由此,孰轻孰重、主次怎么分自然该重新认定。因循守旧的教学流程显然该被淘汰,该为我们老师所摒弃。

5. 自主教学力在同心作为

集体意识的强调、团队合作的强化是适应考量、实现高效的得力途径。

于教师而言,我们需要合作。学校力推"捆绑式"考核奖励机制。方案里,班级是以班主任为核心的战斗团队。备课组里,组长自然是领军人物。这个团队在全市的考核中也是共进共退的。团结就是力量。在我们学校,逐渐推进的合力作为的过程也是其发挥必然张力的渐进过程。

于学生而言,我们需要团队。将班级化整为零,成立6个小组,由此派生出了诸多的团队,派生出了诸多历练的机会。当然,也派生出了诸多的责任和使命。此番改进,令人应该能想见其于学生个体成长的意义。

不仅如此,小组合作还能"减负增效",能让班主任从烦琐的事务中解放出来,能让班级工作既上层次又出彩。"小组擂台赛""自主管理星级表格",再加定期的奖励评比……游戏式的氛围营造和激励,必然能把学生的学习积极性调动和激发出来。

十月的校园,没有丹桂的飘香,没有樟香的芬芳,但有自主教学思想的跃动。"自主"是个体发展的真正内核,高效不是开始,更不是终结,其衍生出的是发展的科学和成长的睿智。或许这就是教学魅力真谛的一部分吧——当然,与我们的"幸福师生"还有距离,我们还需要更努力。

思维在素养的课堂——"五练"优化语文课堂的思考尝试

1. 直面当下,语文教学之困惑

语文是交际工具,就是说:语文是思想的工具、学习的工具、工作的工具、生活的工具。语文的工具性,不言而喻,也广为认可。可我又曾经听某位令我仰慕的语文特级教师说,教了一辈子语文,临退休了,却还不知语文是什么。更有甚者说,后悔这辈子教语文——如今,我倒认为教语文是莫大的幸事,莫大的受用,不然怎会正确解读《三生三世十里桃花》,还一集电视剧都不用看——有了一定的语言功底、文学思维、语文素养,由着字面和历史渊源,便能揣测出电视作品的思想主题;不然怎么读出董卿的《朗读者》背后的含义和魅力——文字的魅力、诵读的魅力、思想表达的魅力。

回到教育,常常看到语文教师拿到试卷后,一脸的茫然:都考的是什么呀——平时花的功夫付诸东流了——语文没法教了。常常听学生调侃,多年学习语文,似乎没什么收获或长进,中学语文课的时光都虚度了。语文试卷上的题目为什么就那么扑朔迷离?

个别作家也曾经感叹,语文试卷高深莫测:自己写的作品,被收入试卷用来出题。自己去做,对照答案一看,却不及格。这位作家一时无语,于是有"误尽苍生是语文"的感慨也就似乎在情理中了。

现如今,很多省市的中高考试卷做了大幅度的改革:现代文阅读考课外知识,文言文阅读考课外知识,诗词阅读考课外知识……依靠教参,擅长记忆的老师学生忽然不知所措了——我们应该在课堂上做什么呢?

是呀,一向强调语文本色、强调文本的师生们忽然发现,即便你将课文倒背如流,又能怎样呢? 依然不能得到好的考试结果。很多老师慌了:语文课堂讲什么呢? 绑定教参的死搬硬套的做法似乎必须进"故纸堆"了。工具也好,人文也罢,似乎都无从说起。语文教学,何去何从?

2. 锁定素养,语文教学之本真

教无定法,适合的才是最好的,况且还有因材施教之说呢? 所以,我们强调"生本",强调以培养学生语文核心素养为目的的课堂教学,或者说更侧重"人本"的目标定位。不是简单地按教材教,不是基于对教材把握的语文教学,而是着眼于学生发展的素养提升教学。

于是,我们更关注学生的语文核心素养的提高。何为语文核心素养? 语文核心素养是学生在积极主动的语言实践活动中构建起来,并在真实的语言运用情境中表现出来的个体言语经验和言语品质;是学生在语文学习中获得的语言知识与语言能力、思维方法和思维品质;是基于正确的情感、态度和价值观的审美情趣和文化感受能力的综合体现。

叶圣陶说:"不了解一个字一个词的意义和情味,单靠翻字典词典是不够的,必须在日常生活中随时留意,得到真实的经验,对于语言文字才会有正确丰富的了解力。换句话说,对于语言文字才会有灵敏的感觉,这种感觉通常叫语感。"语感是感悟语言文字的能力,需要有一定的语文素养作支撑方能很好地实现。学生良好语感的形成过程其实也就是语文素养形成的过程。语文素养是对语感的更好诠释和提升。

如果把语文素养分解开来表述,可以提炼出以下的主题词:会听、能说、好读、常思、善写。有位专家说:"素养在哪? 生本教育出素养。"想来,他坚定生本教育的思想了,一切都是为了学生素养的提升,素养自然也就有了。

曾经素质教育是热门,曾经应试教育被诟病,曾经分数是命根……如今"素养"是关键词,如今"思维"也成宠儿,如今"思想"常被挂在嘴边,如今"生本"也红火起来……一介教书匠就喜欢别人热闹,自己宁静;别人忙碌,我自清闲——自然是内心深处的娴静。

就此,我们似乎可以暂时跳出当下流行的题海战术,思考语文教育的朴素教育观。学生的语文素养如何?一般来说要看:字写得如何,书读得如何,话说得如何,文章写得如何,看问题观点如何,情商如何……

其实无论怎样,语文分数是要的,语文成绩是要的,语文兴趣是要的,语文素养是要的,孩子发展是要的。

于是,我们不妨立足当下,紧扣素养教育。试着用自己最质朴的做法,提高孩子们的语文素养。基于生本教育,语文教学"另辟蹊径",抑或回归个体语文教育发展的本真。

3. 明确目标,语文教学之练达

语文素养何处得?生本教育思维下的语文教学(以下简称"生本语文"),从调整课堂教学目标开始。生本语文,从每节课做起。生本语文,简单直接地去聊一聊,见一见,练一练,于是就有了"生本+魅力语文质朴五练法"。

此处的"练",绝对不是简单地随意地操练,更不是"题海"战、刷题的"演练",而是依托开开心心的游戏比赛,让学生在活动和竞赛中快乐地提高语文能力,感受到语文魅力——何乐而不为呢?

于是有了:练字—练读—练说—练文—练心。

练字:座右铭上有喜欢的书法家的书法作品;课文中的重点内容就是练字的最好对象;练字20分钟后进行多元评价,一起议议优劣,一起说说如何进一步提升,而后再练;获得提高的地点可以选在教室,也可以选在美术室。

练读:读课文,"书读百遍,其义自见";可以略读、速读、精读;读名著、读杂志、读报纸、读诸多的语言文字,养成良好的阅读习惯;语文课可以放在阅览室,也可以放在学校里使人心旷神怡的阅读空间。我们给学生、给自己无限灵动的阅读空间,校园里满眼是书,可以随手拿到书,随时读到书。

练说:可以让报告厅人声鼎沸,热闹非凡。辩论会或吟诵会等活动,让学生们的口语表达能力在不知不觉中提升,让能说会道、善思善辩成为孩子们的个性之一。

练文:让"香樟"文学社名扬校园。每名学生都是文学社的社员,激发大家写作的兴趣;微作文、小练笔成为写作能力提高的便捷途径;日记写作成为记录美好人生、抒发真情实感的创意载体。《香樟花》成为学生们钟爱的校刊。

练心：音乐室里聆听音乐家的作品。于文章而言，主题思想是统帅；于人而言，思想感情是人的灵魂。人的最大特质是会思考。想方设法地引导、训练学生积极思考人生，思考当下，思辨未来。善思善行，于个体成长自然是大有好处的。

4. 着眼未来，语文教学之纯粹

踏踏实实地做起来，语文关键能力的提高慢慢也就实现了，而且是殊途同归的，乃至是形散而神不散的。意图朴素，简单直接：不为成绩，又为成绩。不为分数，又能提高分数。关键是学生们喜欢，素养提升就容易，考核评价也可见。语文教学的"蓝天"也就更纯粹了。

有人说："生本教育是发动学生学习的教育。"严华银老师说："回到语言能力，回到语言理解和运用，回到语文素养，将空洞的几乎没有什么依傍和着落的所谓人文和情感态度价值观暂且搁置于语言的后台，课堂的后台。用一句话形象的表达就是：老师心中有人文和价值观，诉之于口的应该是语言。"语文教学，自然该关注语言教学，而对语言能力的提升，关注点应该是学生的语文素养。就此，我们不妨用"五练法"来提升素养：其一，目标清晰，提升科学；其二，以赛促评，活跃激进；其三，方向明确，学生有数；其四，层次分明，循序渐进；其五，定时间、定地点、定形式，思路明了，可操作。

语文教学的漫漫路上，张万利老师提醒我们要"做有思想的语文教师"。我们一起踏上文学式成长的追梦之旅，感悟国学的博大精深，陶醉于中华文化，走走看看想想品品悟悟。和学生一起，和自己的心灵一起，感受语文的魅力，倾听素养提升的"声音"，享受其间的无穷乐趣。

思维在思辨的课堂——语文课堂上思政教育的智慧实现

何为"辩证"？就是要在高度重视的基础上，智慧地科学地处理好学校思政教育的问题。不然，培养优秀学生，更好地立德树人就很难在教育教学中实现。其实，新中国在成立之初，就真正建立了完善的"国定制"教科书编审制度。在这样的制度下，新中国建国初期的意识形态、政治理念被及时而又大量地注入教科书之中。这种变化有益于实现新政权的种种现实目标，其思政教育的意图是显而易见的。而且，课堂教学一直是学校教学管理的核心，是学生道德认知、道德情感培养的重要途径。语文课堂自然也不例外。而且，由于语文是中华人文责无旁贷的传承学科，因此语文课堂进行思政教育的责任和担当是不言而喻的。

1. 辩证地对待课堂偶发

语文课堂的偶发是常态课的正常现象。处理好了,可以让思政教育润物无声;处理不好,会形成"破窗"效应,影响学生的身心成长。如前所述,我上《飞翔的馒头》阅读评讲课,而且是对外开放的网络直播课。有学生居然迟到了,就站在教室门口。立刻放他们进来?听课的学生、教师、家长会认为课堂管理松懈、纪律散漫。不放他们进来?根本不可能,这会违反教学规范。怎么办?我灵机一动,改变课堂教学内容和程序,取得了良好的效果。

2. 辩证地对待课堂争论

思维灵动的课堂产生争论是很正常的事情,我们要注意对学生价值观的正确引领。这不,《红楼梦》的刘姥姥到底是个什么样的人?大家争论不休。有人认为,她就是农村大娘,淳朴善良,但也唯利是图,想方设法地巴结贾府的人,尤其是对贾母,百般讨好。对待王熙凤,更是不可思议,居然称小自己很多岁的她是"姑奶奶"——已经将自己贬低到何种程度啦?有人认为,在《刘姥姥进大观园》课文中,刘姥姥可谓用心良苦、机智过人。她知恩图报,带着土特产来到贾府谢恩,凭自己的言行举止,让沉闷的贾府充满了欢声笑语,让这部爱情悲剧在这里充满了情趣。她的为人处事,是令人叹服的。最后,贾母特别喜欢她,宴请她。王夫人还给了她一百两银子,大家都纷纷给她馈赠。这从侧面来讲,就是她人品淳朴的最好说明和回报。我说,刘姥姥是个充满智慧而有情有义的人。在这回中,她是在感恩的情况下,带着全家的期待第二次来贾家。最后凭借自己的聪明和人缘满载而归,不简单。尤为可贵的是,她还重情重义。当贾府破败后,当王熙凤的哥哥将巧姐卖到妓院后,刘姥姥两赴瓜洲古渡,"卖房卖地",全力将巧姐救出了火坑。她真是一位了不起的平凡妇女。我提醒大家,看待一个人,不能以貌取人,为人处世,更应光明磊落,知恩图报,注重道义。社会主义核心价值观中的"友善"是值得我们学习和遵循的!

面对课堂争论,我们不能任其发展,要摆明态度,辩证科学地指导引领。

3. 辩证地对待文本主题

叶圣陶先生说:"语文老师是引导学生看书读书的。一篇文章,学生也能粗略地看懂,可是深奥些的地方,隐藏在文字背后的意义,他们就未必能够领会。老师必须在这些场合给学生指点一下,只要三言两语,不要啰哩啰嗦,能使他们开窍就行。"确实,要用智慧,巧妙地使他们自主思考,万不能简单地照本宣科,读读记记、背背默默教参上的答案和解析内容。

语文课上,常常研读到一些耐人寻味的语句:"采菊东篱下,悠然见南山。""醉翁之意不在酒,在乎山水之间也。""鸢飞戾天者,望峰息心;经纶世务者,窥谷忘反。"……这些诗文的主题更多的是表达作者对大自然的喜爱、赞美、向往之情,甚至于反映了厌弃世俗,期求归隐田园之意。如此一般的主题,实事求是地讲,需要客观辩证地去思考,指导学生去思考文章的来龙去脉,如此方能令学生在学习思考后悟透其内涵,从而科学地学习作品。让学生更多地去品味"先天下之忧而忧,后天下之乐而乐""安得广厦千万间,大庇天下寒士俱欢颜""俱往矣,数风流人物,还看今朝"的情怀,敬仰作者人格的伟大。课堂上,教师面对的是朝气蓬勃、青春年少的学生,他们正处在树立人生理想,对未来充满希望和憧憬的时候,我们要为他们的梦想加油鼓劲造势,为他们爱党爱国爱家指明正确的方向!

4. 辩证地对待作者生平

欧阳修,是北宋著名的文学家、政治家。他的文学成就很高,造诣极大,是唐代古文运动之后北宋文坛的盟主。我们语文课堂上可以大力宣扬其令人感动的一面,比如他家境清贫,四岁丧父。他的母亲以荻画地教子。读书时,他勤奋刻苦,常常借书抄读,十岁左右就能作文写赋,为人称道。他的作品很多,《醉翁亭记》《五代史伶官传序》等被收录进教材,广为传颂。这些励志和著名的素材都能成为教育学生很好的教材。当然,翻开历史资料,他也有不合时宜和主流价值观的荒唐岁月。我们教育学生时,尤其是语文课堂上,没有必要去搬弄些风花雪月的事情来调侃或博得学生的眼球。正能量必须是满满的才行,不然,点点负能量的东西会很大地降低思政教育的影响力和感染力。古今中外,关于诸多名人雅士的缺点的例子很多,所谓"金无足赤,人无完人",语文课堂,我们应该提前甄别材料的优劣,取其精华,去其糟粕,将大师们精彩闪亮的一面呈现给学生。这样,我们的年轻学生才会成长得更好,他们的思想方能更为纯粹!

5. 辩证地对待作品背景

在语文教学过程中,语文教师要深挖语文教材中的思政教育资源,并在语文实践活动中融入思政教育,同时进行相应的学习和自我完善,不断促进自身思政教育素质的提升。最终将语文教育与思想情感的感染熏陶有机融合起来,积淀学生的文化素养,达成文化育人的目标。

记得在讨论《柳叶儿》课文时,学生总是很困惑,为什么那么多人会那么饿?

乃至饿死？为什么嫩树叶和鲜树皮都会成为美餐？

无论是阐述饥荒年代的社会背景，还是介绍个人坎坷的经历，都要注意节奏和平衡。从阳光育人角度考虑，既不能含糊其词，说明不清，又不能揪住不放，甚至夸大其词。既要客观直面，更要引导至积极阳光、乐观向上的社会主题上。

6. 辩证地对待作文立意

在一次初三的作文研讨课上，我发现一篇翻印给大家的范文居然有严重的硬伤。课后讨论时，我直言不讳自己的担心。这篇文章的立意是有很大隐患的：一篇考试作文，竟然有大量的篇幅在叙述负面的事情，胡侃自己的学习压力多大，老师怎样不近人情，同学间怎样激烈残酷竞争，家长怎样不能理解自己……大量灰色调的素材堆积，尽管结尾以自己拨云见日收篇，但全文的直抒胸臆让人难以接受，这种真情实感是很难受到好评的。作文，尤其是考试作文，不是心灵鸡汤文和情感日记，是代表个人能力和素养的作品，需要在现实的基础上进行艺术加工才对。另外，更为重要的是，一名满眼灰色调，整天不见阳光，满腹牢骚的学生，即使成绩再好，也是难以让人信服的。这对他身心的成长，也是极其有害的。因此，不妨从调整写作风格入手，在选材，尤其是立意上精雕细琢，让"爱"和"温暖"成为文章的主旋律。如此一来，学生的德行和品质发展自然会越发喜人。培养学生如能具有一双发现美好的眼睛，世界自然会无限精彩，尤其是心灵世界。

课堂教学是学校提高教学质量的主阵地，更是展开立德树人工作的主要路径之一。在语文课堂上恰到好处地进行思政教育，对学生素养的提升和思想健康发展是一件大有裨益的事情。语文学科能够使学生在学习中树立正确的价值观念，具有一定的德育效果。随着教育的不断发展，在语文教育中融入思政教育是必然的趋势。对学生进行思想政治教育有利于学生在不断地学习中树立正确的思政观念，让我们在语文课堂上多多辩证地融入科学的思政教育吧！

思维在翻转的课堂——闲说我们的"翻转课堂"

课堂教学如何实现真正意义上的自主？课堂教学如何才能让学生的心智得到健康的发展？课堂教学如何才能实现真正意义上的主体和主导地位的和谐？课堂教学如何才能取得事半功倍的效果？课堂教学如何遵循师生生态发展的良好期望？……教师们都在素质教育和应试教育间苦苦求索，努力地探寻着属于科学发展的教育捷径——不经意间"翻转课堂"跃入大家的眼帘……

我们要用思辨的眼光看"翻转",更关注我们自己思考的更接地气的本土化的"翻转课堂"。

我们的"翻转课堂"翻转了什么?

1. 翻转课堂颠覆了传统的教学流程

我们的翻转课堂一般的教学流程是:自主学习、质疑问难、讨论探究、巩固运用、课外拓展。革新的教学流程颠覆了以往的讲授——记录——识记——检测的基本流程,颠覆了以往的填鸭式教育。课堂教学更多的是用来对已学知识进行巩固和对学生的思维进行训练。

2. 翻转课堂翻转了传统的教学理念

很明显,翻转课堂上教学主体已经完全是学生,学习的主动性也更多地留给了学生——无论是课前、课堂还是课后,学生的自主意识都得到体现。"传道受业解惑"中"解惑"的教师形象或许在这里体现得更为明显。我们关注的思想上的影响需要教师的巧妙点拨,此时的流程貌似更多地强化了学业——专业知识的掌握。至于学生思维的训练,在此倒是留了更多的机会给学生。新课标所强调的"自主、合作、探究"也能够有足够的时间在课堂上展开。

3. 翻转课堂翻转了角色定位

不言而喻,学生的主体地位、教师的主导地位在翻转课堂中得到了更好的体现和落实。学生成了学习的主人,教师是必要的参与者和协调者。当然,课前、课内、课后,教师的引领和掌控的重要性是显而易见的,而且也是不可或缺的。

4. 翻转课堂翻转了教学效果

翻转课堂能很好地让所有学生都获得自主化的教育,同时让那些因各种原因缺课的学生不会落下功课。它对于学习薄弱的学生很有帮助,通过不断地反复,强化了知识的掌握、能力的提高。对学习能力强的学生也同样很有帮助,它能帮他们不断查漏补缺,平衡发展。它使学生选择学习内容的主动性更强了,可以学得更丰富、更深入、更自在,掌握得更到位。

我们的"翻转课堂"有什么特点?

第一,视频短小,利于学习。

大多数翻转课堂的视频都只有几分钟,较长的视频也只有十几分钟。每一个视频都针对一个特定的问题,或者特定的知识点,有较强的针对性,且查找起来也比较方便。视频的长度控制在学生注意力能比较集中的时间范围内,符合学生认知规律。通过网络发布的视频,具有暂停、回放、快进等多种功能,可以自由控制学习进度,有利于学生的自主学习。

第二,重新建构,兴趣高涨。

通常情况下,学生的学习过程由两个阶段组成:首先是"讲授",这是通过教师和学生、学生和学生之间的互动来实现的;其次是"消化",这是在课后由学生自己来完成的。由于缺少教师的支持和同学的帮助,"消化"常常会让部分学生感到有挫败感,没有学习的成就感,乃至于失去兴趣。"翻转课堂"对学生的学习过程进行了重构。接触知识是学生在课前进行的,老师不仅提供了视频,还可以提供在线辅导。"消化"是在课堂上通过"合作探究"来完成的,教师能够有足够的时间在课堂上给予有效的辅导,同学之间的相互交流或游戏互动更有助于促进学生有效吸收知识。途径信息化、现代化、游戏化,效果自然好,学生兴趣自然高。

第三,及时测试,高效快捷。

学生观看了教学视频之后,是否理解了学习的内容?视频后面紧跟着的几个小问题,可以帮助学生及时进行自我检测。如果发现回答得不好,可以回过头来再看一遍,仔细思考哪些方面出了问题。另外,教师可以通过云平台对学生的回答情况进行汇总处理,了解学生的学习状况,课堂上可以有针对性地进行讲解。微视频另外一个优点就是,便于学生在一段时间的学习之后的复习和巩固。课堂上的固学检测能实现"堂堂清",即使有问题,课后也可以通过再学习,细化完善所学内容。就此反复,效率自然很高。

记得学习《茅屋为秋风所破歌》时,由于课前的微视频已经将原来在课堂上的内容——字词的音形义、句子的翻译、主题思想的把握讲授了,于是,课堂上,我们就有了足够的时间来赏析"安得广厦千万间,大庇天下寒士俱欢颜,风雨不动安如山。呜呼,何时眼前突兀见此屋,吾庐独破受冻死亦足",来感受诗人炽热的忧国忧民的情感和克己为人的宽广胸怀。

游戏互动环节,学生不断抢答学习的成果。10分钟的记忆时间,绝大部分同学背熟了全诗。最后的吟诵环节,学生更是饱含激情,慷慨激昂,令人感动。他们将"吾庐独破受冻死亦足"的"足",朗诵得恰到好处,诗人的伟大形象仿佛就在眼前——语文的魅力得到了非常好地彰显。

回到眼前,立足中国式教育的当下,如何实现真正意义上的减负?如何实现真正意义上的全面素质教育？如何有效地协调好应试和素质教育的关系？如何真正激发学生学习的兴趣和主动性？如何将"有效课堂、高效课堂、魅力课堂"做出彩来？如何将教学改革的深化落到实处——做出成效，做出均衡，这些都需要我们花更多的气力去探索，去实践，尤其要在翻转"课堂"上大做思维文章——我们必须孜孜不倦，努力不止！

思维在线上的课堂——直播课该如何上

举国"战疫"，开学推迟，再推迟，都能理解。不过"停课不停学"则对广大教师和学校，乃至于家长、学生提出了莫大的考验……

通过几周的实践，一些难题不断出现：如何才能避免线上铺天盖地的"满堂贯"？如何才能让资源推介不会混乱？如何让课堂内容恰到好处？如何使教师课堂效率更高？如何让学生学习效率更高，效果更好？

线上课堂"满堂灌"要不得。一节常态课堂，45分钟左右，一般都有诸多的互动环节。课堂一旦有了"突发事件"，教师的知识灌输也会戛然而止。再加上，学生对教师的课上发言的关注一般也就是15分钟左右。于是，老师们都很注意课堂的说教时间和节奏的把控。线上就不一样了。没有学生发言，没有突发事件的干扰，我们发现，太多的教师一"灌"就是45分钟，甚至更长时间。语文学科还好，遇到数学、物理等偏理学科，一环套一环，上节课没懂，下节课就遭殃，再到下节课就茫然，再往后就可能一窍不通，再后来就可能兴味全无。这不是耸人听闻，而可能是当下线上课堂的实际状态导致的恶果。

因为有太多的家长、学生抱怨：内容太多，节奏太快，难度太大。而有的负责组织线上课堂教学的人员却又抱怨：不要指望线上课堂教学质量有多高，最多只是让学生在家里有课听罢了。况且，从节后到现在，太多的教师顶着非常大的压力进行线上教学，已经非常不容易了。貌似矛盾的难以统一的思想，确实很让人为难——但绝不是，也不会无解。因为教书育人的责任和使命不允许教师对学生的诉求置之不理，大家必须在教学上精益求精。到底何时开学，谁也不好说，不要老记挂着等到开学后再去反复巩固，再去炒那"夹生饭"，因为学生等不起，学业耗不起。解决办法是：

其一，化繁为简，主次分明。因为不能开学，因为不能集中授课，于是线上课堂、线上资源扑面而来。省级的、市级的、县级的、校级的，甚至还有班级的、教师级的，再加上其他机构的，海量信息的不断推送已经让家长、学生应接不暇，非常苦恼了。都说是精品,乃至极品。如何取舍?毕竟,学生的时间和精力是有限的。因此,必须要去繁就简,选一条鲜明的主线。具体地讲就是,精心选择一套科学的系统教材,并且坚决地以此为主基调,其他资源作为个性化的补充。而且这一套教材难度要适中,这样才能实现均衡发展。毕竟更多的线上教学是以区级单位来进行的,应该兼顾大多数学生。这是宏观层面上的线上课堂教学把控,必须科学,否则就会乱。

其二,换位思考,节奏和谐。线上课堂教学,教师一讲到底,硬生生的"填鸭式"教学。尤其是直播课堂,不停不息,学生根本来不及消化和巩固。文科还好,理科问题就大了,学生一个环节出问题,没听懂,后来就步步艰难。考虑学生的接受程度,不妨将直播和录播融合起来,讲练结合。具体地说就是,内容减少,节奏放慢,甚至直接给学生时间思考练习。慢一点,再慢一点,是因为考虑到学业水平不同的学生的接受程度不一样。另外,是考虑到线上教育的最大优势:不但可以暂停,而且可以不断回放。遇到难点,可以一遍、两遍、三遍地回看。所以,要尽量录播,如果因为空间或技术平台的原因不能实现,也要将录制的视频分发给学生,以便学生能更好地利用好线上课堂教学的优势。

其三,难易适度,重点突出。因为是网上教学,于是太多的设计严格遵照课本,不敢轻易地调整教学计划。最遗憾的是不少教学重点和难点因为循序渐进的计划而缺少了必要的加强。这不,上周,我们一位化学教师中午就整整用了一个半小时来进一步巩固教学难点。就此,不但严重影响了下午的教学安排,而且还导致了不少家长的反感,甚至导致个别家长的投诉。因此,我们在安排线上课堂教学时务必要将重点难点妥善安排好,科学编排好。

其四,策略科学,注重实效。我们分析统计学校教师们的教学反馈数据发现,教师们更多担心的是教学质量,更多担心的是学生的听课效率。因为没有教师当面的看护和监督,没有家长的陪伴和检查,学生的学习效果确实大打折扣了。科学的监督策略能提高线上课堂教学质量。列举列举策略,我们可以有作业上传策略、笔记记录策略、小组检查策略……作业文件上传,可以是文档,可以是图片,也可以是音频、视频。依据不同的教学内容和教学要求,灵活多变地实施相关的上传策略。课堂教学中,明确细致的笔记要求并布置上传图片,学生自然听课倍加认真。尤其可贵的是,借此能得到所有学生的课堂反馈信息。我们以6—7人为一学习小组,再结合2人互助合作小组的提高机制,课堂学习效率自然就能大幅度提高。而且小组管理机制能延续到课后作业练习的诸多方面。

线上课堂教学于广大师生家长而言,可以说是"熟悉的陌生人"。因为全民"防疫",因为第一回实施全面线上课堂教学,所以暴露出的问题层出不穷。但是,如同我们共同"战疫"一样,胜利是必然的,相信我们一定能让线上课堂教学精彩纷呈。

思维在幸福的课堂——语文的课堂幸福在哪里

校长任职资格培训结束了,盘点细节,聆听了众多专家的"高屋建瓴"的论道,回来咀嚼玩味,依旧先关注关键词"幸福"。扬州的王力耕老师说:现行的教育对人的尊重不够——学生似乎看不见快乐!教育是为了使人幸福!南师大的邵泽斌老师也强调:我们的中学教育应该是"幸福"教育,数学要讲情趣,语文要讲魅力,要学会智慧的三种唤醒方式:游戏、阅读、对话!教育要讲"良知天理"。不言而喻,大家对教育中"幸福"的关注是不谋而合的!甚至期盼也是一致的。

为何要幸福?自然因为不幸福!尤其是主阵地课堂的幸福指数到底有多少呢?我们教育工作者的确需要好好反思。

记得听苏教版初中语文课本的主编洪宗礼先生的讲话,我内心的触动很大。尤其是洪宗礼老师介绍了"理想语文课堂教学的十种境界",其思考的深度令教师们感慨不已。

境界一,浸透着教育之爱。

境界二,蕴含丰富多彩。

境界三,知、情、意、行完善统一。

境界四,富有教育智慧和灵性。

境界五,严谨扎实又不乏灵活。

境界六,课留"思"地,富有弹性。

境界七,始终有追求感、新鲜感。

境界八,协调、和谐、民主化。

境界九,序而有变、张弛有度、动静相宜。

境界十,如话家常,平易朴实。

他鲜明地提出,要"用爱心和智慧打造塑人的课堂"。十种境界,周到细致地诠释了洪先生对"理想课堂"的界定。"以人为本"的教育内核融汇在其每种境界中。

"爱心"和"智慧"是其对教师的要求和提醒。我个人是比较喜欢的,这也是自己一直思索坚持的方向。

"爱心"的谋划,既有对学生成长的关注,也该有对学生学习效果的关注。学生的发展或许更该是课堂施展的主题意义之所在。关注"人本"应该永远比关注"文本"更有价值和远瞻性。

都说课堂是每个参与教学者的课堂,教师需要用"智慧",需要用心地去勇敢地将语文教育的责任承担起来。教师需要树立正确的课堂教学观,确保教学过程的科学合理。

有的人,喜欢将教师、学生的痛苦都转嫁到应试体制上,有的人喜欢一提教育的种种弊端,就义愤填膺地对应试教育横加指责。智慧的老师既敢于善于搞教学改革,又能巧妙地减少应试的弊端,将应试的合理性发挥出来,让更多的学生迅速成长,让更多的学生在应试教育中掌握更多的知识,增强自己的能力,让"知识改变命运"实现在更多的学生身上。

洪宗礼先生对语文课堂教育的论述,显然不仅仅适用于语文,还适合于其他学科的课堂教学,这算是语文人对课堂教学的指导性思考了。当我们在为没有领略到洪先生对教材编写的高见而感到缺憾时,他对理想课堂的阐述令语文人思考很多——应在有限的时间和空间内,运用高超的教学艺术,激发孩子无限的思考力和创造力。"境界"的提法是让人仰视和深思的,课堂的十种境界应该能引发"苏派语文论坛"上的很多争论,甚至影响到以后的诸多教育教学实践——我们不妨努力让语文课堂教学的主旨回归,回归到育人的原点。

扬中市联合中学课堂教学模式的基点是使学生自主学习能力得到提高,课堂教学效果高效实现,让学生在合作中收获幸福,在练习中感受事半功倍的快乐。

课堂的高效、课堂的幸福、课堂的翻转、课堂的智慧还是很值得我们去自主尝试和研究的——倡导深化改革的当下,为什么不呢?

思维在智慧的课堂中——做真正智慧型的教师

每每看到教师在课堂上"口若悬河",下面的学生"水中望月",有的已经完全"陶醉入梦"了;每每看到公开课上,执教教师看学生没反应,急得面红耳赤,自己带的学生怎会如此?此时,在遗憾之中不禁要问,我们真正将课堂还给学生了吗?我们真正以学生为主体了吗?我们是在积极实施课改吗?有的老师往往会"冠冕堂皇"地以应试为理由,似乎很有道理。其实不少教师在让学生进行接受式学习,学生没有主体地位，无法进行体验式学习，违背了课改的倡导。讲得多的教师，班级的应试成绩未必好，有的甚至比较差。成绩好点也是用大量时间和练习换来的。那种以夸张的练习来成就"均分"的教师，是让人质疑的。班级学生成绩差就拼命推诿，找客观原因，固然不好，靠夸张的练习来博取成绩也不可取。不断地默写、操练、考试，会使学生厌倦，丧失学习兴趣。教育的长远效益何在？高效何在？

语文课堂到底以什么为本？真正的"本"，应该是学生！学生才是课堂的主人。"以生为本"讲了多少年了，可是有些所谓权威依旧固执地以文章为本来衡量课堂的质量，让学生面带苦涩地紧扣"文本"，在文章里不厌其烦地"转悠"。文本固然要关注，但绝不是教学的根本和全部。思路决定出路，在思辨中谋划教学，在实践中深入浅出地实施教育，做智慧型教师，能得到大家认可，便是自己的幸福。很多事情，务必要有自己的"所以然"！

我们欣赏那种积极进行课改，实现事半功倍的教师，他们是真正智慧型的教师。少讲点，精练点。他们给学生充分的时间和空间，使学生的能力得到发展。学生有了"可能"的自主，方能成就素质的不断提升。

学科分数的获取是应该的要求，满分也好，高分也罢，是太多学生的需求，但是打造"魅力课堂"，体现"学科魅力"，需要"二元目标一体式"的课堂教学。做到既高度关注高分的获得，也注重学科魅力的呈现，更要锁定学生灵动机变思维的凸显、课堂精彩的呈现。或许，"教学案"就是在发出"不同声音"的不经意中应运而生的。"知识目标和其他多元目标"在这里形成了很好的交汇。我们正潜心思索、不断探求、努力实践着适合自己的教学样式——试图更好地展示富有自己学校美好特质的魅力教学。

"教学案"的恒久魅力在哪里呢？在于关注重点知识的传授，关注学生能力的训练，尤其是学生思维能力的培养，关注课堂教学亮点的打造，关注课堂教学效益的最优化。"先学后教""学练结合""教学相长""思学相生"等诸多先进教学方法在此都巧妙建构和有机整合。学生在学习中获取知识，提高能力，得到幸福，这岂不是一件非常快乐的事情？教学质量的提高、优质成果的取得又岂在话下？

所以，我们要努力做一名智慧型教师。

二、范例页

让语文思维在课堂上恒久悦动
——《植树的牧羊人》教学设计

[教材简析]

《植树的牧羊人》是部编语文教材七年级上册第四单元中的第二篇课文。本单元课文强调拥有美好而充实的人生,这是我们共同的心愿。从不同方面诠释了人生的意义和价值,礼赞了理想的光辉和人格力量。本单元的要求是继续学习默读,在课本上勾画关键语句,在喜欢或有疑惑的地方做好标注。在整体把握文意的基础上,借助划分段落、抓住关键语句等方法,理清作者思路。

本课是一篇著名的绘本故事,作者塑造了一个在贫瘠荒原孤独种树的牧羊人形象。借助荒原前后环境的对比,突出人物慷慨无私、不图回报的精神品质以及勤劳执着、积极乐观的生活态度,表达了对老人的赞美、敬佩之情。《植树的牧羊人》的故事很震撼人,虽然语言朴实,但很有感染力,能给读者带来不同的体验和感悟。相信学生能结合自身生活体验从中读出自己的感受,从中获得自己对人生的思考、对生命的感悟。

[教学目标]

1. 熟悉课文主要内容,理解作者对牧羊人的情感。
2. 借助品读文章词句,读懂牧羊人的形象,感受人物精神和人格魅力。
3. 结合生活,感悟牧羊人创造奇迹的意义。

[教学重点]

解读关键词句,品读牧羊人形象。领悟老人植树造林、绿化家园,无私奉献、造福后代的崇高精神。

[教学理念]

本课在阅读方法上主要采取默读、跳读、精读、朗读相结合的策略,在分析文本时主要采用圈点勾画的学习方法。为强化"主动意识",培养学生自主学习能力、在线学习的习惯,注重学生自身从文本中获得阅读体验,因此采用自主、合作、探究的学习方式,真正发挥了学生的主体作用,让学生从文本中获得对人生的有益启示,引导他们以后在学习和生活中树立科学的价值取向。

[教学思路]

围绕学生"学"这个关键字,课堂以"学"为中心,更好地为学生服务,让学生站在课堂的中间位置。以文本为素材,彰显文字魅力、主题魅力、思维魅力、课堂魅力,从而实现语文"魅力教学"的目的。

为更好地实现"以人为本"的教学思路,借鉴翻转课堂的教学优势,让学生更自由、更深入、更高效、更自主地学习,教学设计主要有四个板块:课前自学——课堂助学——当堂固学——课外拓学。

课前自学,意图是让学生养成自主学习的习惯。学生课前积累字词,了解作者、写作背景等知识,观看教学微视频,获得初步体验。课堂助学,意图是在学生交流学习成果的基础上,答疑解惑。而后,教师再提出更深刻的问题,引领大家更深入地把握文本。以此提高学生的阅读能力和思维能力。当堂固学,意图是通过灵活的练习形式,对重点难点作强化,让学生以此为镜子,理清自己的学习状况和状态,实现课堂教学的优质高效。课外拓学,意图是拓宽学生的学习视野,丰富学生的知识面,进一步提高写作能力。基于因材施教的教学思想,对学生作业作了A、B、C三个层次的分层安排。

[教学过程]

课前自学

1. 自读课文,借助参考资料、网络资源等积累字词、文化知识、写作背景等内容。

2. 自主学习《植树的牧羊人》微视频,得出自己的体会。

3. 就文章内容以及自己的学习情况,提出两个不懂的问题,也可以是对作品的质疑。

课堂助学

导入新课:《植树的牧羊人》在1987年被著名的加拿大动画大师弗烈德瑞克制作成一部动画片,并荣获第六十届(1988)奥斯卡最佳动画短片奖。我们不禁要问:这部作品到底有多么感人呢?让我们一起走进让·乔诺的牧羊人的世界。

(一) 成果展示

学生分享自己的自主学习成果:

1. 字词积累

坍(tān)　　废墟(xū)　　流淌(tǎng)　　缝隙(xì)　　琢(zuó)磨

干涸:(河道、池塘等)没有水了。

流淌:液体流动。

废墟:城市、村庄遭受破坏或灾害后变成的荒凉地方。

酬劳:酬谢,给出力的人的报酬。

转悠:漫步,无目的地闲逛。

富饶:物产多,财富多。

2. 文化知识

让·乔诺(1895—1970),生于法国普罗旺斯地区马诺斯克市,法国著名作家、电影编剧。在第一次世界大战时曾当过步兵,在经历惨烈场面后成为坚定的和平主义者。让·乔诺的作品获奖很多,部分作品被搬上银幕,他被认为是法国20世纪最著名的作家之一。1932年获得法国荣誉勋章,1953年以全部作品获得摩纳哥王子文学奖,次年,入选为龚古尔学院成员。让·乔诺的多半作品都是以他的家乡和周边地区——阿尔卑斯山和普罗旺斯地区为背景。马诺斯克的居民至今还为让·乔诺感到骄傲,当地建有纪念他的让·乔诺中心,还有一条街名叫让·乔诺街。

3. 内容解读

(1) 段落划分

第一部分(1—12自然段):牧羊人心存善念,扎根荒山苦植树。

第二部分(13—18自然段):牧羊人十年植树,树木已蔚然成林。

第三部分(19—20自然段):牧羊人创造了奇迹,创造了美好的环境。

第四部分(21自然段):赞美牧羊人无私、坚毅、伟大,他做到了只有上天才能做到的事。

(2) 人物形象

牧羊人是一个认真严谨、心存善念、不畏困难、慷慨无私、不图回报、坚持不懈、有信念、热爱自然、热爱生命的人。

(3) 文章主旨

文章通过牧羊人数十年坚持种树改变环境的故事,表达了只要心存美好的愿望并长期持之以恒地努力去做,人一定可以改变恶劣的生存环境的主题思想。天道酬勤,大自然也一定会给予丰厚的回馈,人类遭遇的悲惨命运也会被最终改变。

(二) 释疑解难

1. 小组交流,解决问题

本文讲了一个怎样的故事?请你用简洁的语言概括。【概括文章内容思路:(时间)(地点)人物 ＋ 事件 ＋ 结果】

示例:一位牧羊人数十年如一日坚持种树,用双手把荒漠变成了绿洲,使身边万人享受幸福生活。

2. 班级提问,互相解答

选文第二自然段中,作者细致描写"在无边无际的荒野中"等环境,这对表现主题等有什么作用?

明确:为后面写牧羊人的植树做了铺垫。这大片荒凉的原野、废弃的家园、稀少的人烟、贫瘠的土地、干燥的气候都与后面呈现出来的绿色、富饶、滋润、美丽、幸福的乐园似的情景形成鲜明对照,突出了牧羊人植树所创造的奇迹。

(三) 合作探究

研读第一自然段:想真正了解一个人,要长期观察他所做的事。如果他慷慨无私,不图回报,还给这世界留下了许多,那就可以肯定地说,这是一个难得的好人。

1. 读清结构魅力:"长期"到底有多长?"我"花了多长时间来观察牧羊人?

明确:文中"1913年""1920年""1945年",从前至后整整三十多年时间,表明时间之长;而对牧羊人几十年植树造林的关注,则表明了作者对他深深的敬佩。共种了35年,从1910年到1945年。

本文的结构特点:以时间为顺序,以荒原到绿洲的变化为线索,将人物的活动放在第一次、第二次世界大战的背景之下以突出人物的品质,以及生命的意义和价值。

2. 读懂内容魅力:"许多"到底有多少?牧羊人到底给他所在的世界贡献了多少?

明确:(1)"1910年种的橡树,已经长得比我都高,真让人不敢相信。我吃惊得说不出话来,他还是那么沉默寡言。我们就这样静静地,在他种的森林里,转悠了一整天。这片树林分为三大块,最大的一块,有11公里宽。"

(2)"这片一眼望不到边的山毛榉树林就是证明,它们长得足足有我肩膀这么高了。那一大片的橡树也长得很茂盛,不用再担心被动物吃掉了;就算老天爷想把这杰作毁掉,也只能求助龙卷风了。他还指着一片白桦林说,这是五年前种的。他认为谷底比较湿润,就把白桦树种在那里。他是对的。这些白桦树棵棵鲜嫩、挺拔,像笔直站立的少年一样。"

(3)"路过山下村子的时候,我在这个曾经干旱无比的地方,看到了溪水。这是老人种树带来的连锁效应,是我见过的最了不起的奇迹!"

(4)"昔日的荒地如今生机勃勃,成为一片沃土。1913年我来时见到的废墟上,建起了干净的农舍,看得出人们生活得幸福、舒适。树林留住了雨水和雪水,干涸已久的地里又冒出了泉水。人们挖了水渠,农场边上,枫树林里,流淌着源源不断的泉水,浇灌着长在周围的鲜嫩薄荷。那些废弃的村子一点点重建起来。从地价昂贵的城市搬到这里安家的人带来了青春和活力,还有探索新生活的勇气。一路上,我碰到许多健康的男男女女,孩子们的笑声又开始在热闹的乡村聚会上飘荡。一直住在这里的老一辈人,已经被舒适的新生活改变了。加上新来的居民,一万多口人的幸福生活,都源于这位叫艾力泽·布菲的老人。"

(5)"每当我想到这位老人,他靠一个人的体力与毅力,把这片荒漠变成了绿洲……他做到了只有上天才能做到的事。"

边朗读,边体会,边想象。读懂"奇迹",读出震撼。

3. 读出形象魅力:说牧羊人是"难得的好人",那他到底"好"在哪里?"难得"到什么程度?

(1)"这个男人不太爱说话,独自生活的人往往这样。不过,他显得自信、平和。在我眼里,他就像这块不毛之地上涌出的神秘泉水。"

明确:他自信、平和、神秘。

(2)"看得出,他刚刮过胡子。他的衣服扣子缝得结结实实,补丁的针脚也很细,几乎看不出来。我们一起喝了热汤。饭后,我要把烟袋递给他,可是,他回答说不吸烟。他的那条大狗也像主人一样,安静,忠厚,不张扬。"

明确:他积极生活、注重整洁、安静、忠厚、不张扬。

(3)"我问他,这块地是你的吗?他摇摇头说,不是。那是谁的地?是公家的,还是私人的?他说不知道。看起来他并不在意,他只是一心一意地把一百颗橡子树的种子都种了下去。"

明确:高尚无私,种树纯粹是为了拯救大地,而不是为了增加自己的财富。

(4)"牧羊人还活着,而且,身体还很硬朗。现在,他不再放羊。他说,羊吃树苗,就不养羊了,只留下了四只母羊。他添置了一百来个蜂箱,改养蜜蜂了。战争并没有扰乱他的生活。他一直在种树。种橡树,种山毛榉树,还种白桦树。"

明确:他无私、慷慨,一直潜心种树,心无旁骛;战争在毁灭,而牧羊人在创造,为了绿水青山,他在辛勤种树。

"植树的牧羊人"和"植树的男人"两题目比较,你认可哪一个?

明确:"植树的牧羊人"为题既概况了文章的主要内容,又点明了故事的主人公。同时设置了悬念,牧羊人为什么要植树呢?植树的结果怎样呢?就此激发了读者阅读的兴趣。从牧羊人到养蜂人到植树人的角色转变中,折射出牧羊人形象的高大和伟岸,反映了牧羊人的无私和伟大。

"植树的男人"为题不但交代了植树人的性别,而且"男人"象征了男子汉的责任和担当,包含着对故事主人公的讴歌和赞美之情。

(四) 归纳总结

作者虚构了一个在贫瘠荒原孤独种树的牧羊人形象,通过荒原前后环境的对比,突出人物慷慨无私、不图回报的精神品质和勤劳执着、积极乐观的生活态度,表达了对老人的赞美和敬佩之情。

要成就大写的"人",不在于名利、地位,而要经得住大家"长期"的观察,得要为世界"留下许多",方能成为"难得的好人",成为别人敬佩的人。

(对照板书,用红笔,书写大写的"人",边板书,边叙说大写的人的含义)

当堂固学

(着眼文本重点、难点以及学生的阅读能力、表达能力来练习)

1."在我眼里,他就像这块不毛之地上涌出的神秘泉水"这句话有怎样的寓意?(3分)

这句话是"我"第一次见到牧羊人时的印象,作者用"不毛之地的神秘泉水"比喻牧羊人,寓意他将给这个荒凉的地方带来灌溉、滋润和丰饶。

2. 第17段中说"这……是我见过的最了不起的奇迹",句中"这"指什么?"奇迹"指什么?(3分)

"这"指在曾经干旱的地方看到了溪水,"奇迹"指牧羊人长年累月地植树,改变了这里原来很差的生态环境,使干旱荒凉的地方变成了郁郁葱葱、富饶丰美、充满生机的绿地。

课外拓学

（尊重学生个性及自我，为阅读和写作能力的提高，分层布置作业）

1. 摘抄自己喜欢的课文语段 2 个，并背诵出来。

2. 摘抄自己喜欢的课文语段 2 个，并背诵出来；分别写上 50 字以上的赏析。

3. 摘抄自己喜欢的课文语段 2 个，并背诵出来；分别写上 50 字以上的赏析；仿照其中一个语段，写一段 100 字左右的生活片段。

板书设计：

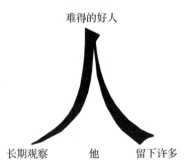

想真正了解一个人，要长期观察他所做的事。如果他慷慨无私，不图回报，还给这世界留下了许多，那就可以肯定地说，这是一个难得的好人。

赋能阅读养成篇

都说,读书是好事情,阅读是获取真理的必然途径之一。都说,开卷有益。可曾考虑过如何开卷?可有考虑过开什么卷?可有考虑过开卷过程中注意什么?有没有真正的自主思维活动在其中发生?阅读时需要关注的或许不仅仅是读书的内容,不仅仅是知识的丰富,还有更良好的习惯、能力、价值观的问题。没那么简单,也不是太复杂,关键是阅读如何让学习终身受益,不妨一一细致道来。

一、习惯页

抓文本——紧扣文本细节　赋能自主阅读

　　曾经看到青年教师在竞赛课堂出现尴尬的一幕:僵在课堂,自己眼泪不由自主地流下来了。不仅仅是因为竞赛课而心理紧张,更是因为文本看不懂,无法解析给学生听。至于寻常课堂,教师们不能精准解读文本的就更多了——结果自然出不了好的效果,学生自主阅读能力自然也得不到有效提高。

　　教师教学解读文本如此,学生又是如何呢?当前,学生的语文阅读能力普遍不高,反映了我们的阅读教学效率不高的现状,这一点已引起社会诸多方面的关注,说明了问题的普遍性和严重性。究其根本原因,是阅读教学的不得法。叶圣陶先生曾说:"阅读程度不够的原因,阅读太少是一个,阅读不得法,尤其是重要的一个。"

　　那么,如何精准读懂作品,提高学生自我阅读能力,尤其是提高自主解读文本的能力呢?教师不妨引导学生从以下四个方面入手阅读作品,细致精准地把握解读技巧,或许就能有效地提升自主阅读能力。

　　(一)紧扣写作背景,对话作者心灵

　　部编教材九年级下册的《江城子·密州出猎》一文的写作背景是苏轼因对王安石变法持自己的不同观点而受到排挤,于是他自己申请外任。朝廷安排他去杭州做通判,三年后又转到密州当太守。文中最后"持节云中,何日遣冯唐"反映了作者的真实心声。作者引用的典故中涉及魏尚和冯唐两人,一般师生解读文本时,依照教学参考,更多的是强调作者自比魏尚,认为只要给机会和舞台,也能像魏尚那样,能在边疆建功立业,为国敬忠,光宗耀祖。"老夫聊发少年狂,左牵黄,右擎苍",此句不难看出苏轼借这篇作品想要显示自己虽为文官,但也很有血性和豪情,也能冲锋陷阵,也能定国安邦。所以有了后面的理想表达"会挽雕弓如满月,西北望,射天狼"。

教参对文本的解读,自然有道理,而我则有补充。那就是结合上文的背景介绍,细细品味作者当时的心境,他或许不仅仅是想表达自己的雄心壮志、宏大抱负,更有莫大的期待:对"冯唐"那样的使者的期待,尤其是对朝廷的渴盼。细究写作背景,作者此时已经没有得到宋神宗的绝对信任和重视,已经被边缘化。此时此刻,更多的是像韩愈所言"千里马常有,而伯乐不常有"的痛心,更多的是对"知己者"的期待,对"冯唐"的期待。于是他说:"何日遣冯唐?"其实他不是也不想自比冯唐,毕竟历史上的冯唐并没有什么突出的建树。他所以期待"冯唐",是期待有像他那样的使者给自己带来好消息,给自己带来得到朝廷重用的好消息而已。他的迫切心情在句末的问号中得到了体现。当然,这也恰恰是很多不得志的才俊们所期待的,更是40岁不到的苏轼所期待的。了解了作品的创作背景,综合文本字里行间渗透的思想感情,也就了解了作者内心的真实渴望,也就读懂了一代豪放派词人苏轼的壮志雄心和报国苦心,尤其是一腔热血。

(二)紧扣行文前后,比对内涵要义

仍以《植树的牧羊人》为例,文章开头如此叙述:想真正了解一个人,要长期观察他所做的事。如果他慷慨无私,不图回报,还给这世界留下了许多,那就可以肯定地说,这是一个难得的好人。看似简单的寥寥数笔,却是文章的关键所在,奠定了整篇作品的思想感情基调:什么样的人才是好人,而且是难得的好人。读来耐人寻味,读懂了这段文字,也就读懂了整篇作品,也就知道了作者的写作目的。

1. 不图回报

纵观作品始末,比对牧羊人的前后心路历程。他几十年如一日,一个人,兢兢业业、认认真真植树造林,不图回报,也没有人给他回报。如果说非要谈回报的话,那就是最后大自然给了他丰硕的回报:沙漠变成了绿洲,戈壁荒滩变成了人烟聚集地。

2. 时间长

比对前后,从时间角度讲,牧羊人植树的持之以恒也是长期的。从最早的1913年邂逅牧羊人,知道他一门心思专心植树。到第一次世界大战后,最后到1945年,历时32年,牧羊人心无旁骛,种树改变环境。试问人生有多少个32年呢?显而易见的是他的艰辛和不易。如此长的时间,专心致志地做一件事情——确实了不起。

3. 留下多

结合前后文的对比,不难看出牧羊人给这个世界留下了很多很多。从开始的"一眼望去,到处是荒地。光秃秃的山上,稀稀拉拉地长着一些野生的薰衣草",到"这片一眼望不到边的山毛榉树林就是证明,它们长得足足有我肩膀这么高了",最后再到"人们挖了水渠,农场边上,枫树林里,流淌着源源不断的泉水,浇灌着长在周围的鲜嫩薄荷。那些废弃的村子一点点重建起来"。不难发现,之前荒芜寂寥的不毛之地,现在绿树成荫,人来人往,环境也自然变好了。这大片先前废弃的家园、贫瘠的土地、干燥的气候在牧羊人的努力下,幻变成绿色、富饶、滋润、美丽幸福的乐园。这美好幸福的乐园恰恰是牧羊人留给世界的宝贵"财富"。

做好人不容易,做难得的好人更不容易,通过对牧羊人植树前后故事的对比,我们不但读懂了好人的内涵要义,而且也读懂了作者为我们精心塑造的人物形象,明白了主人公内心的思想情感。

(三)紧扣关键词语,参透表达作用

"这天夜里,我睡得十分香甜,梦中恍惚在那香气四溢的梨花林里漫步,还看见一个身穿着花衫的哈尼小姑娘在梨花丛中歌唱……"这是《驿路梨花》的课文片段,学生诵读时,一般对"香气四溢"比较感兴趣:不但写出了梨花林的芳香弥漫,而且表现出了梦境的美好,更表现了"我"的欢欣愉快,表达了"我"对梦中梨花林的喜爱赞美之情。或许是因为课前学生进行了充分的预习,查阅了诸多资料,公开课上评析"香气四溢"在文章中的作用时,都能流畅表达。可问及其中"香甜"的作用时,学生忽然失去了方向,不知所云,思维比较凌乱,缺少章法。

细想起来,对文本中关键词语的自主解读,应努力指导学生注意以下四方面的问题,教学效果应该会好一些。

1. 聚焦

聚焦关键词语。很明显,"香甜"在段首,相当重要,它奠定了整段的感情基调。所以后面,梨花林是相当美的,哈尼小姑娘的歌声是相当甜的。

2. 含义

注意关键词语本身的含义。在这里,"香甜"是既香又甜的意思,当然,这里更要关注词语的语境意义——美好。对关键词语含义的把握是理解文本的基础,唯有理解精准了,方能体会到文本表达的思想精髓。

3. 对象

精准关注关键词语的表现对象,如此方能科学理解其作用。"香甜"在这里自然是修饰"我"的睡觉状态,表现的是"我"睡得很香甜。

4. 感情

思想感情是文章的表达中心,更是灵魂内容。这里的"香甜"是主人公内心世界的真实反映,就此不难发现,作品借此表达了"我"知道茅屋主人后,对哈尼小姑娘的感激之情,更为后面梦境中美丽的梨花林和哈尼小姑娘在唱歌作了铺垫。

一般情况下,教学的常态课堂往往简单平常,对关键词的赏析不能实现"咬文嚼字",虽然我们一直强调学习语文咀嚼语言、体会感情。如此就要能厘清这四个方面内容的内在关联:它们既有分析关键词作用,思维角度之间的并列关系,更有逻辑上由浅入深的顺序层次。如此细致周全考虑了,学生对关键词语作用的分析解读自然就问题不大了。

(四)紧扣中心语句,赏析主旨表达

"我想:希望是本无所谓有,无所谓无的。这正如地上的路;其实地上本没有路,走的人多了,也便成了路。"这是鲁迅的小说《故乡》中的最后一句,也是作品的点睛之笔。解读好了这句话,也就解读好了文本所要表达的思想情感。

科学解读中心句,正确理解文本主题,不妨注意锁定以下三方面:

1. 锁定要点信息

很明显,上文中的要点信息是作者对"希望"和"路"的内涵的定位和哲学思考。作者试图告诉大家,希望的有无不在于希望本身,而在于像走路一般的实践。不断尝试,努力实践了,希望就能实现;反之,再美好的希望,如果仅仅限于空谈层面,终将实现不了。

2. 锁定写作手法

关键句中地上的"路"仅仅是生活中的道路,或者人生之路吗?其实不然。这里采用了象征手法,路有其更深刻的内涵。作品《故乡》是鲁迅先生于1921年创作的,当时辛亥革命后的农村、农民状况惨淡,国家民族危难,出路在哪里?以闰土为代表的广大劳苦大众深受封建思想迫害,精神受到束缚,人性已然扭曲,人与人之间满是冷漠和隔膜,他们的希望在哪里?作者内心焦虑,对国家民族的未来充满忧虑,不断思考乃至"呐喊",前途在哪里?透过这个中心句,不难读出作者内心期望改造旧社会,建立新制度,创造新生活的强烈愿望。也就是说,这里的"路"正象征了中华民族的解放和复兴之路。

3. 锁定表意语句

对于关键语句的理解还可以借鉴文章中其他地方的语句,尤其是借鉴明确表达感情的语句。《故乡》中有这样一句话:"我想到希望,忽然害怕起来了。"由此,可以感受到"我"既对"新的生活"充满渴望和期待,又对能否实现,或者建立什么样的新社会不免感到困惑、彷徨。于是作者努力强调、呼唤觉醒,憧憬实现希望的革命实践。于是便有了关键句子里的"希望是本无所谓有,无所谓无的"说法。对作者的犹豫彷徨心理,我们联系上句,或许就能揣测一二了。

依托对文本中心句的解读,紧扣其思想内容的表达,就能更精准地解读作品,更深刻地读懂主题,读懂作者想要表达的思想感情。对中心句把握透彻了,文章的主旨立意也就清晰了。

细节决定成败,解读文本亦是如此。瞄准文本细节处,紧扣词语、句子,参照文本创作背景以及前后文,不但能确保思路清晰,而且能提高阅读文本的质量,尤其是能提高自主思考的正确率和精准度,赋能师生自主阅读能力的提高。师生如能逻辑清晰地掌握好了以上的阅读技巧,对提升自己的阅读素养应该是大有裨益的。

回本味——回归语文本味　赋能双减提质

大家都记得"言意共生"语文教学项目,我也印象颇深。语文的本味之一在于"言意"的共生,又有对言和意的分别理解和表达,更在于读者对作品的不同感受和阐述,聚焦点在研究者对语文的思考和解读,进而智慧地去思考挖掘实践乃至建构一些有意义的内容和观点。尤其是在当下,为贯彻落实中央有关精神,规范学校教育教学管理,全面提高教育教学质量,坚决扭转一些学校作业数量过多、质量不高、功能异化等突出问题。近日,中共中央办公厅、国务院办公厅印发了《关于进一步减轻义务教育阶段学生作业负担和校外培训负担的意见》,并发出通知,要求各地区各部门结合实际认真贯彻落实。

如此,在"双减"背景下,减什么,如何减,能做成一些极富特质和价值的东西来,就显得特别重要。我们结合目前的时代要求,会发现"言意共生"有诸多特别值得分析的地方。

(一)"言意共生"特别有历史感,能看出教师的心路历程——"双减"需要坚守

从1993年开始,"28年的系统研究""专著2部,编著6部,研究文章360多篇(人大复印资料5篇)""公开教学(讲座)400多场次""语文实践基地20多个""50多家媒体均有推介"……从时间、空间,从基地建设的数量,从媒体的关注度等等层面,这些数字不仅仅告诉大家,姜树华校长收获了累累的硕果,更告诉大家成长的不易和辛苦,执着坚守后定然有收获。28年包含的是成功和艰辛,尤其是对目标的坚定追求。

不管是"双减"背景下的语文教学,还是"双减"工作本身,必然会遇到诸多的问题,必然会面对诸多的矛盾和考量,但人民的幸福需求是必须要满足的,义务教育阶段的学生作业负担是必须要减的。这就需要我们的执着和坚守,需要动用我们大家的教学智慧,将教育大事做好,做扎实。细化到语文教学,或许"双减"背景下的语文教育和学习要被重新审视,乃至旧的观点要被颠覆。那种简单依靠题海战,通过海量刷题来获取分数的做法,以牺牲学生休息时间,尤其是睡眠时间来简单"提质"的做法,必然要被改变,甚至淘汰。我们期待出现更多教育教学思路和方法的改革者、坚守者、开拓者。

(二)"言意共生"特别有质朴感,能读出语文教学的特质——"双减"需要回归

言意是什么意思?出自何处?我们不禁要问。言意,指言语和意旨。语出《关尹子·九药》:"天下至理,竟非言意。"关尹子是何人?关尹子,先秦天下十豪之一,周朝大夫、大将军、哲学家、教育家,道教楼观派祖师、文始派祖师。字公度,名喜,曾为关令,与老子同时代。老子《道德经》五千言,系应其请而撰著。

以上的追问,不仅仅是倡导一种问题意识,更是让我们一起关注"言意"的久远的历史渊源和文化底蕴。

而当下的语文又是什么?2011版新课标首次为语文课程明确定义,语文课程是一门学习语言文字运用的综合性、实践性课程。"言意共生"能让语文教学回归语文本位,体现新课标的根本精神:既能反映语文语言文字运用的综合性,又能体现语文的实践性。

细细理解,"言意共生"是对语言与意识、与观念、与思想关系的准确概括。马克思在论述"语言是思想的直接现实"以后,还说:"语言与意识有着同样长久的历史……语言也和意识一样,只是由于需要,由于和他人交往的需要才产生的。""观念从一开始就不可能离开语言而单独存在。""同样长久的历史""不可能单独存在"其实是"言意共生"的一种含义。"言意"的确是共存的,从来就没有脱离思想的语言,也没有脱离语言的思想。"言意共生"教语文,建立在语言与思想关系深刻联系的基础上,是语文教学特性的一次回归和强调。

例如,"言意共生"里,大家聚焦语文教学中内容与形式的相互融合、聚焦语文思维力的培养、聚焦学生高品质语文生活的构建。这样的思路,既主张语言文字的表达和主旨灵魂的合而为一,强调了语文的语言味道,又反映了语文的人文性;而对学生思维力的培养,又是语文对学生成长的现实价值所在。学生学到的不仅仅有语文知识,更有在学习、讨论、交流、思考中不断实现的思维力的提升。不仅仅有形象思维,还有逻辑思维,乃至更宽泛的思维力的建构。至于语文生活的形成,正如主题报告所言:过"言意共生"的语文生活。或许真就应了那句,语文的学习,从生活中来,到生活中去。我们是在生活体验中不断感受语文的魅力,在实践中提升自己的语文素养,又回到生活中,用语文的知识和思维去感受生活的美好,去体验自己的幸福人生。从这个意义上讲,"言意共生"又说到了语文教学的本质:为学生的发展服务。所以说回归语文的教学,不是简单地追求分数和成绩,要回归其更基础和实在的意义上来,要为学生的终身发展奠基和服务。

"双减"也是如此,减不是真正的目的,减作业、减课外办学、减课业负担是为了学生的健康成长,为了个体的可持续性发展。这其实也是回归,回归到育人的根本目的上来,要目光长远,不为眼前利益所左右。

(三)"言意共生"特别有发展感,能发现学生培养的焦点——"双减"需要重点

学生是学习的主体。其实不仅如此,试问在学校管理、班级管理等诸多学校的管理细节方面,哪项离得开学生?"言意共生"恰到好处地关注了学生的主体地位,并把握住了学生发展的重点。

自2021年开始,学校开始关注江苏省"十四五"教研课题"'言意共生'理念下优化儿童语文生活的教育实践研究"。该项课题基于"言意共生"语文教学研究的"再上一步",直面学生语文生活质量而发力。教育的目的,主要是培养美好人性。

试问,人性又是在"言意共生"中如何得到关注的呢?

积极构筑"言意共生"语文生活的"话语谱系"。这个谱系不简单:既借助语文,用其特有的"学科语言"使学生当下及未来生活的认知与表达能力实现提升,又以言语能力为骨架,增长语文"学养"与"素养",在言语能力增长的同时垒厚"精神的底子",过上"言意共生"的高品质语文生活,提升学生当下与未来的生活品质。这种关注和实践,不可谓不长远,不可谓不深刻,抓住了学生成长中的重点之重点。"话语谱系"的建构和被重视,对学生的成长作用是非常大的,意义非凡,学生们将终身受益。

"双减提质"的关键点在课堂,这是个牛鼻子,把握好了,事半功倍。如何实现有效课堂、高效课堂、魅力课堂?在"言意共生"里,也能找到很好的答案——探索出了聚焦思维力提升的"言意共生"课堂。提出了具体的策略:笼而统之——让言意思维有聚合的过程;感而化之——让言意思维有具象的过程;推而广之——让言意思维有发散的过程;敬而远之——让言意思维有辨析的过程。这里的策略不单单是语文教学的智慧,也是值得其他学科课堂教学好好借鉴的智慧,更折射出了构思者的智慧。

(四)"言意共生"特别有厚重感,能品味出研究者的用心——"双减"需要探究

探究什么?探究由表及里,由浅入深,探究事物的本真和魅力之所在。言意共生是对言意兼得的提升和超越。兼得,说的是二者不可偏废,要关注,两者都要追求,两者是一种并存、平行的关系。它不仅强调了言意的互存,更强调了共生。"言意共生"带领大家走进了语文教学的更深处,语文学习规律的更妙处。其对语文思维力的解读,可谓入木三分,实践起来也是行之有效的。

首先提出了思维是"言""意"共生支点的命题,并且分析出阻碍"言""意"思维深度发生的成因,可贵的是厘定出了聚焦思维力提升的"言意共生"课堂基本特质,最主要是探索出聚焦思维力提升的"言意共生"课堂基本策略。

不仅仅如此,还就此提升,形成了值得大家学习借鉴的"言意共生教语文"的基本形态:学"听"——察"言"会"意";学"读"——明"言"得"意";学"品"——赏"言"悟"意";学"述"——学"言"表"意"。思路清晰,逻辑性强。

或许,你会说,这不就是简单的"听说读写"吗?大家司空见惯啦。不就是我们语文学习天天强调的内容吗?其实不然,这恰恰是高明的地方,基于寻常,又高于寻常,貌似平凡,其实很不一般。

比如,在"学言表意"中,"言意共生"强调巧妙地把学生的视角引到体味语言文字运用上来,引导学生揣摩言语形式,琢磨作者的写作意图,将所学笔法迁移,才能真正彰显"言""意"共生的阅读场,实现学生"吸纳"到"倾吐"的语文生长过程。"述"的课文资源可以是对文本留白处的填补,可以是对文本中的画面加以描绘,也可以是对文本情节的删补或情感的渲染……总之,"述"是"听""读""品"结的果,反过来,又可提升"听""读""品"的质,四方螺旋深化,相得益彰。不是简单的思考后的书写表达,而是更有意义和目的性的思辨提升。在表达中实现了诸多能力的呈现和提高。

这种从宏观到微观的过渡,这种基于常态又高于寻常的智慧内容,确实反映了智慧探究过程。

看看"双减",很多细节需要这样的探究思路和探究精神。"双减"不是对以往的全盘否定和彻底颠覆,更不是一场革命,而是引导教师更智慧地思辨自我的教学艺术,更智慧地培养好学生、发展好自己,实现"教学相长"的教育思想。

(五)"言意共生"可以拓宽延展,走向教师、学校乃至社会

"共生"是什么意思?共生是相依生存,彼此有利。言和意如此,学生、教师,乃至学校是不是也该如此呢?

1. 能不能让教师的教学受益,尤其是个人发展内驱力得以实现自觉和自发?"言意共生"关注学生成长是正常的,也是应该的。教师的发展也需要平台和舞台,尤其是在激励教师自主成长方面,如有好的机制建构,那将是非常好的事如能在现有的项目内运作,就更智慧了。

2. 能不能让学校文化建构得以实现,形成个性的文化场域,尤其是极富文学味的引领?"皮之不存,毛将焉附。"学校是非常好的场域,无论对于学生,还是对于教师团队都是如此。而学校发展追求的高境界就是文化特色,尤其是深入人心的特色。用项目点染校园文化,必然会惠及学校的可持续性发展,尤其是会惠泽更久远的师生精神世界。

3. 能不能让"家校合育"富有语文味,以展开新篇章?"家校合育"需要项目,需要情感纽带。"言意共生"的内涵特质注定有诸多可为的项目内容。在语文味的熏陶下,引导家长、学校融为一体,引导家长和孩子一起,共同发展,共同提高,形成独具特色的共育氛围,为其他学校做示范榜样,让"5+2"等于0成为谬论,让"1+1"大于2成为可能。

积极发展,让"言意共生"语文教学项目惠及更多层面,让大家一起共享项目红利。做大做深这个项目,28年不是永远,20多个基地不是最多,相信"言意共生"一直在路上,一定可以赋能"双减",越走越辉煌。

二、能力页

抓表达——从深度阅读到深度表达的自主课堂实践建构

深度阅读不是简单地读读文本、读读文章,而是能结合写作背景、结合作者生平、结合古今社会环境对比,综合诸多元素来阅读文学作品、教学材料等各类内容,借此进行思想品德主题表达。深入表达不是简单地写写读后感、说说想法,而是在思维充分调动起来的情况下的更深意义上的个性化思辨和情感表达。语文课堂上恰到好处的实践活动则是精准的润滑剂、良好的载体。因为课堂教学一直是学校教育教学的核心环节之一,阅读课堂自然也不例外,况且语文是中华人文责无旁贷的传承学科。就此,在语文课堂上应进行持之以恒的阅读实践活动,实现从深度阅读到深度表达的有效过渡。其间以"自主"为精髓,以"实践"为路径,自然会事半功倍。

(一)应景问答:引导学生自主思考起来,使深度阅读到深度表达呈现活力

记得一次北京师范大学入校培训活动中,我开设了《柳叶儿》一课。当分析到人民生活困苦,很多人受饥挨饿,不得不去吃野菜、树叶,甚至"观音土"时,一名学生忽然"腾"地站了起来。虽然面对几百名老师和学生,他依然愤愤地质疑:这篇文章不现实,那时是1959年左右,我们新中国成立已经十年上下,怎么老百姓还会过这种生活?如果文章表现的是真实的场景,面对如此的惨状,我们的国家、我们的党在哪里呢?

课堂现场立刻僵在那里,时间仿佛要停滞。我在进行激烈的思想斗争:这学生了不起,敢于去质疑,敢于去挑战权威问题,这折射出他不一样的思维品质和强烈的责任心;但另一方面,我要不要将当时的写作背景告诉大家呢?要不要和盘托出呢?会不会影响大家的学习热情和对伟大祖国的信任呢?其实这篇文章的创作背景我是早有准备的……

面对全场几百双眼睛,我终于说:"蒋同学,你的质疑很好,你真是个爱动脑筋的好学生。老师现在就来说说当时的写作背景,我们国家当时落后、贫穷,而且内忧外患……我们一起来看看PPT的内容……"

"蒋同学,明白了吗?""明白了,明白了当时国家和人民的不易,明白了中国共产党的不简单,更明白了落后就要挨打的道理……""好呀,了不起。让我们一起为他的勇敢、明白事理以及责任感鼓掌……"

后来这节课的实况录像获得了江苏省视频课一等奖第一名。恰恰是这一课堂插曲让语文的人文性得到了非常好地体现,让这节课很出彩。大家在应景问答的思考中,提升了对文本的理解,加深了爱国热情和建国激情,民族意识也得到了无比的加强。智慧地应对好语文自主课堂的突发片段和思辨火花,或许能收获别样的精彩呢。

(二)辩论透析:引导学生自主讨论起来,使从深度阅读到深度表达呈现张力

在思维活跃的课堂产生讨论甚至是争论是很正常的事情,教师在感到课堂学习氛围热烈的同时得注意价值观的正确引领,注意引领学生精准表达。语文自主课堂的辩论环节历来是大家喜欢的:学生辩论激烈了,文本理解也就透彻了,道理也是越辩越明朗了,思维也就得到了锻炼和提升。更多时候,阅读的深度表达可以借助辩论的安排来实现。

《我的叔叔于勒》一课中,大家对于勒到底持什么态度呢?到底是同情他,像小说中的"我"一样,还是像"菲利普夫妇",如同躲避瘟疫一样远离他、抛弃他。

记得当时,学生们确实议论纷纷,莫衷一是:支持"我"的同学认为,毕竟于勒是自己的亲叔叔,虽然他之前犯了很多的错误,甚至坑害了自己的父母,但毕竟血浓于水,毕竟亲情至上,应该不离不弃。况且他现在已经穷困潦倒,已经困苦不堪了,应该拉他一把。支持菲利普夫妇的则认为,于勒本身就是个流氓,年轻时放荡不羁,诓骗了周围的亲人,应该被唾弃,应该成为被痛打的"落水狗"。况且,菲利普夫妇的女儿女婿还在身边,假使相认,假使领他回家,势必造成家庭的破裂。惨淡的人心现状迫使他们夫妻不敢也不会带于勒回来。这样的辩论,不仅仅是语文味道十足的争论,更是意识形态层次的交锋,更是对人性弱点的犀利批判和深刻剖析。"仁者见仁,智者见智"中阐述的是文学思想的精彩和深度阅读的精妙。由此阅读教学的思想张力充分彰显了出来,其呈现出的不仅仅有学生对文本的理解,还有对人生的观察、思考和感悟。

(三)美读吟诵:引导学生自主思辨起来,使深度阅读到深度表达呈现魅力

我们指导学生去思辨文章的来龙去脉,做深入阅读的诸多工作,让大家参考文献,了解更多与作品相关的内容,让大家在查阅资料的实践中思辨主题,在实践对比中归纳总结当下和作者所处时代的异同,进而令学生在学习思考后悟透作品内涵,从而科学地理解作品。

于是在课堂上,我们组织了经典诗词吟诵活动,让学生在吟诵中表达自己对作品的思考和理解。学生们吟诵出了"先天下之忧而忧,后天下之乐而乐""安得广厦千万间,大庇天下寒士俱欢颜""俱往矣,数风流人物,还看今朝"的情怀,表达了敬仰作者伟大人格的思想感情。吟诵活动中,教师面对更多的是朝气蓬勃、青春年少的学生,他们正处在树立人生理想,对未来充满希望和憧憬的时期,我们更多的是要为他们的梦想加油、鼓劲、造势,为他们爱党、爱国、爱家指明方向。深度阅读后,以经典作品为载体,以吟诵活动为舞台,师生就能更好地感受到中华国学文化的魅力。

(四)分享激情和兴趣:引导学生自主辨识起来,使从深度阅读到深度表达呈现动力

兴趣是最好的老师,读书报告会能激发学生持续的学习动力,能让阅读更深入。分享美好的过程也是幸福共享的过程。作者的生平故事,尤其是古代先贤们的人生际遇无疑对师生具有无穷的吸引力,也会影响对文学作品的解读,影响读者的人生观、价值观。深入阅读后,更要用思辨的眼光看与之相关的诸多材料。

比如欧阳修,语文报告会上,学生读到他的很多材料,对他称赞不已。当然,翻开历史资料,他也有不合时宜和与主流价值观背道的经历。我们课堂上的报告会上,学生就直言不讳地谈到了一些内容。

语文阅读课堂,我们提前甄别材料的优劣,取其精华,去其糟粕,将大师们精彩闪亮的一面呈现给学生。报告会上的深度表达就不再是简单意义上的材料收集和整理,而是整理后的思辨,思辨后的提升,提升后的升华。这样的分享安排,无疑能激发学生很大的兴趣,由此,我们的学生就会成长得更好——他们的思想就能更为纯粹,他们的学习、进取就能更有动力。

(五)影视链接:引导学生自主整理起来,使从深度阅读到深度表达呈现穿透力

在语文教学过程中,语文教师要深挖语文教材中的思政教育资源,并在语文实践活动中融入思政教育,同时进行相应的学习和自我完善,不断促进自身思政教育素质的提升。最终将语文教育与思想情感的熏陶有机融合起来,积淀学生的文化素养,达成文化育人的目标。

在阅读课堂的"影视链接"环节中,学生将课前查阅的《幽径悲剧》的相关材料以影视的形式进行了展示:作品创作于 1992 年,季羡林先生那时已经 82 岁了,人生的酸甜苦辣、世事沧桑早已遍尝。因为研究过佛经,所以对于世界发生的一切都能坦然面对、泰然处之。如此心境下,面对历经万般劫难之后的这一棵得以保存的藤萝,作者在悲愤、惆怅之余,感到一点慰藉,甚而由幽径的藤萝上升到人生哲学的高度。学生一边放映影视材料,一边进行恰到好处的点评。学生的小组表达使学生们对作品主题的思辨更为深刻:无论是结合饥荒年代的社会背景阐述,还是个人坎坷经历的介绍,都要注意生命节奏和时代元素的平衡。

回头来看,师生一起探究作品思想的深度时,要从阳光育人角度考虑,既不能含糊其词,说明不清,又不能揪住不放,甚至夸大其词。以富有历史真实感的影视链接作为教学辅助,既能客观直面事实真相,又能导向积极阳光、乐观向上的正能量主题。通过课堂上影视链接环节,学生的交流分享穿越了时间,穿越了空间,穿越了心灵,这样的深度表达更富穿透力。

(六)演讲阐释:引导学生自主雕琢起来,使从深度阅读到深度表达呈现影响力

写作是深度阅读后的重要表达方式之一,写好后通过演讲进一步表达观点,提高的就是学生的多方面表达能力。学生个个习惯于演讲表达了,木讷内向的学生就自然少了,大家的思维品质也将得以提升。

培养学生都具有一双发现美好的眼睛,给大家演讲的舞台,提供深入表达的条件,他们自然会收获世界的无限精彩。

课堂教学是学校提高教学质量水平的主阵地,更是立德树人工作实施的主要路径之一。语文课堂上科学智慧地融入自主理念,对学生语文素养的提升大有好处。随着时代的不断发展,引导学生进行深入阅读,尤其在深入阅读的基础上加强深入表达的策略指导,用自主课堂上的实践活动进行智慧的启发,对于学生身心的发展、思辨能力的提高也是非常有意义的。

抓身边——关注精美广告,提升语文素养

生活中处处有语文,无论是读书看报、与人聊天,还是听相声、看电视广告。常规的或新奇的,嬉戏的或富有艺术性的,只要留心观察,随时注意语言现象,总会碰到与学习和运用语文有关的问题。关注经典广告、解析经典广告、赏读经典广告,能让学生的知识取得、能力发展与兴趣提高和谐统一地结合起来,体验学习

语文的兴趣,激发学好语文的热情,对培养学生的创新精神和实践能力有着重要的作用。

随着新课程改革的深入推进,语文再也不是传统意义上简单的语文知识的涵盖。开展语文活动课,进行综合性学习,是语文教学的重要方面。全面提升学生的语文素养,必须在抓好课堂教学的同时,关注语文综合实践活动课。语文综合实践活动课对于丰富学生生活、开阔学生视野、激发学生学习兴趣、加深学生语言体验、培养学生个性特质、提高学生综合素质,有着重要意义。不妨让学生在生活中学语文,关注广告中的语文艺术。

广告,是人们获取信息的重要渠道。激烈的市场竞争使得体现广告竞争意识的广告策划部门应运而生,这使得广告的可读性和审美性有了明显的提高。小小的广告中蕴含着大大的学问,闪烁着艺术的光芒,尤其是不少广告精到地展示了语文的魅力。作为语文教师,若能巧妙地引导学生关注身边的广告,从广告中学语文,则不仅能激发学生学习语文的兴趣,更为语文教学挖掘出了一笔宝贵的学习资源。

好的广告语言很考究,能家喻户晓。康师傅:好吃看得见。李宁:把精彩留给自己,一切皆有可能。麦氏咖啡:滴滴香浓,意犹未尽,好东西要与好朋友分享。富兰克林牌汽车:一辆永远不会给你带来麻烦的汽车……这些广告之所以能广为流传,让人记忆深刻,是因为这些广告具有独特的语言魅力,在文字表达上真正做到了语言的形式美和意境美,语言生动和谐,极富震撼力。

好的广告往往能巧妙地运用修辞手法。有的语意贯通,一气呵成,用了顶真句,如丰田汽车:车到山前必有路,有路必有丰田车。有的句式整齐,对仗工整,是对偶句,如中国联通:情系中国结,联通四海心。有的运用同音字,用谐音法写成,如英特尔:给电脑一颗奔腾的"芯"。李维斯牛仔:不同的"酷",相同的裤。还有的是一语双关,如《法制文萃报》:好人得"好报"。又如不"打"不相识——某打印机;口服"心服"——某保健品口服液;一毛不拔——某牙刷。再如,红鸟牌鞋油:愿为"足下"增光。

有些则以情感人,真正敲击了人的心扉,特别是那些公益广告,如"你的健康是我的牵挂",出自《人民保健报》的这则广告词很有亲和力,极具煽情效果。这哪里是广告,简直是感情的宣讲。又如山叶钢琴:学琴的孩子不会变坏。飞利浦:让我们做得更好。《环球时报》:和您一起看世界。义务献血:我不认识你,但我谢谢你!有的则发人深省极具警示作用,如不要让最后一滴水成为人类的眼泪。总而言之,好的广告,必定有好的语言,好的语言源自对语文知识的学习和应用。

优秀广告的语言魅力是无穷的,那如何才能有效地实施广告教学呢?

1. 巧妙安排语文综合实践活动,激发关注、阅读兴趣

心理学家皮亚杰说过:"所有智力方面的工作都依赖于兴趣。"兴趣是成才的起点,是每个人主动学习、积极思考、探索事物的内在动力。语文教材中涉及知识小品、科学实验、风土人情等许多知识,教师要充分利用这一特点。假设课题是"关注广告"。老师从学生兴趣出发,针对学生年龄特点、个性特征,充分调动他们参与学习的积极性、主动性和创造性。事先布置学生通过多种渠道去找有关广告的知识并整理在一个本子上,根据广告的特点,为班级、学校某一个喜欢的物品设计一段广告词。设计好后可以加上图案,格式、版面等不限,以语言最精彩、创意最新颖等为切入点竞赛,可巧妙安排。如此,这节课内容虽离开了教材,但没离开语文,没离开汉字,还多了学生对社会知识的了解。学生积极参与、主动参与,语文课就多了特殊的魅力。

2. 巧借广告学修辞

由于广告语是精心锤炼而来的,因此,广告语的一大亮点便是它特有的语言美。教师可抓住这一亮点对学生进行修辞教学。从对广告实例的分析可知,广告语中所运用的修辞手法非常广泛,列举一些如下:①比喻:爱梦利,随身的绿阴(防晒露广告语)。②顶针:车到山前必有路,有路必有丰田车(丰田汽车广告语)。③拟人:一握汇丰手,永远是朋友(汇丰公司广告语)。④对偶:使头发根根柔顺,令肤肌寸寸嫩滑(白丽香皂广告语)。⑤夸张:眼睛一眨,东海岸变成西海岸(航空公司广告语)。⑥回文:长城电扇,电扇长城(长城电扇广告语)。⑦引用:何以解忧?惟有杜康(杜康酒广告语)。

3. 巧借广告语解析各种写作阅读技法

为了提高广告的审美性,增强广告效果,人们在制作广告语时,越来越注重文学写作技巧的运用。教师若能引导学生多阅读经典广告文案,既能提高学生的学习兴趣,又能使其在写作上受到启发,其妙无穷。例如:①对比衬托法。"光临本店,请管住您的夫人。"(首饰店广告语)这则广告语不对广告主体作直接正面的描绘,而是通过"以虚托实""以此托彼"的方式来达到强调主体优点的目的,读来含蓄隽永,回味无穷。②先抑后扬法。袁枚在《随园诗话》中说过:凡

做人贵直,而作诗文贵曲。下面这则广告就"曲"得有意趣,它力避平铺直叙,而借"明抑实扬""似贬实褒"来实现婉转风趣的表达效果:"我最恨眠安宁口服液,它破坏了我的不眠之夜。"③以反求正法。"不要太潇洒。"(杉杉西服)它看似否定,实质是肯定,有着极强的效果。④纵横对比法。"从前可刮10人,后来刮13人,如今可刮200人。"(某刮脸刀)这里是纵向对比。俗话说得好:"不怕不识货,就怕货比货。"事物间一进行比对,其本质就显现出来了。

4. 巧借广告赏诗歌

在广告语中,有诗一般的语言、画一般意境的,定是上乘之作。而直接以诗歌的形式为广告语则更有一番妙趣。例如:①唐代诗人李白为美酒郁金香写的广告诗:"兰陵美酒郁金香,玉碗盛来琥珀光。但使主人能醉客,不知何处是他乡。"一句明产地,二句写色泽,三、四句言品质(活力足)。②清人卢郁芷为贵州茅台酒写的诗:"茅台香酿酽如油,三五呼朋买小舟。醉倒绿波人不觉,老渔唤醒月斜钩。"第一句言质地好,第三句言酒力劲,第四句言时效长。③现代诗人闻捷为上海灯泡厂写的广告诗:"向太阳里取来的熔岩,从碧空中摘来的星星;耐得住千度高温,负得起延长白昼的使命;把五彩缤纷的晚霞,焊接金光灿烂的晓云。"全诗饱含热情、想象驰骋、亦幻亦真、意境绝佳,给人以美的享受。

5. 巧借广告练文笔

近年来的中、高考中,广告类的试题屡见不鲜,教师在平时教学中可结合身边的实际来命题,进行拟写广告语的练笔,让学生的个性张扬。

例如,为校园的草坪、水池、卫生间、果皮箱、餐厅、寝室等处所拟写广告语,也可为各种节日、各门学科、各科老师、当前重大时事等写广告语,以达到推广、提炼、介绍、延伸的目的。这里摘录一些较好的作品,以飨读者。人来绿是海,人去绿还在(草坪上);滴滴情深自来水,请你拭去我的泪(水池边);顺"便"冲水(卫生间);如果想吸烟,定时炸弹在身边(加油站禁烟);举手投足间,别忘了我饥饿的大嘴(果皮箱);盘中餐粒粒皆辛苦(餐厅);善于休息就善于学习(寝室);人生有曲线、抛物线,但绝对没有直线(数学教师);人人学说普通话,个个争当文明生(推广普通话);种下一棵小树,撑起一片蓝天(植树节)。

广告是艺术界一颗闪烁耀眼的明星,而广告词却是重中之重、精中之精。它是吸引消费者、推销产品的捷径。聪明的广告策划人巧妙利用成语及俗语朗朗上口、妇孺皆知的优势,创作了很多脍炙人口的广告。语文课程标准指出:"应该让学生更多地直接接触语文材料,在大量的语文实践中掌握运用语文的规律。"而生活中铺天盖地的精美广告语便为我们学习语文提供了极好的材料。我们语文教师要树立"大语文"的教学观,引导学生多关注广告、关注生活,增强在各种场合学语文、用语文的意识。抓住一切机会学习语文,在综合实践中关注广告,巧妙切入,细致解读,创意写作,定然能激发学生学习语文的兴趣,充分提升学生的语文素养。

抓经典——拨开浮云望价值

《红楼梦》中的刘姥姥到底是个怎样的人?这个人物形象到底具有怎样的特质?作者为什么煞费苦心地安排这么一个虽小但非常特殊的人物?初中、高中课本上都节选了《红楼梦》章节,还都有刘姥姥的出现。都是寻常人,从刘姥姥的过往或许就能悟得不少的人生哲理,这或许也是立德树人教学内容之一。

部编教材九年级语文收录了《红楼梦》中《刘姥姥进大观园》一文。依据此一段对她的叙述和刻画,一提到"刘姥姥进大观园",大家立刻会联想到很多的词语,比如丑态百出、满载而归、长了见识、少见多怪、眼花缭乱……不难看出,大部分人对曹雪芹精心塑造的这个角色充满了鄙夷、嘲笑、贬低和可怜。以为她就是个只知道巴结讨好富贵人家,只知道博取同情,寻得施舍,只知道奉承谄媚,已经低落到尘埃里的不幸的人。

不少人评价刘姥姥,说她是丑陋的,是《红楼梦》中的"丑角"。我觉得应该用自己的眼睛智慧地去看,用心去细细体会刘姥姥的不简单,用脑子去思考曹雪芹笔下的人物。每个重要人物都寄托着曹雪芹丰富的情感和特殊的思虑,不能简单而论。"她只是一个贫苦普通的农村老妪,但她的形象在大观园那么多丰富人物特征中也给人留下了深刻的印象,也有很多值得探讨的地方。"

红学大师周汝昌认为:刘姥姥的出场,其作用之一即是要在从一个农村老婆婆的眼中、心中,来展现一下这个全书的中心背景——贾府。曹雪芹的神奇构想就在于,在刘姥姥这个典型人物上,他既能以富者的眼光和心灵去看待和感受穷人,又能以穷人的心目去看待和感受富者。周汝昌先生说,刘姥姥是个线索性的人物,贯穿始终,丰富的贾府世界从她的视角,不断呈现;刘姥姥又是个揭示性的人物,曹雪芹借她的视角和眼睛,解读出了社会、人物特定而丰富的内涵。他又认为,刘姥姥的作用尚不止此。试看第五回中巧姐的册子判词:

势败休云贵,家亡莫论亲。

偶因济刘氏,巧得遇恩人。

这里的"亲"是如何界定和陈述的？这里的"济"和"恩"之间又有怎样的因果？在"巧姐"身上又有了怎样的体现？其实是手写此而目注彼,看似写当下细致的情节故事,其实是为后来的人物变化埋下的伏笔。河有源头,山有脉络,就是所谓"伏线千里之外"。曹雪芹通过荣府兴衰的见证人、绝代悲剧的报幕者——刘姥姥,成功地塑造出血肉丰满的典型形象,深化了作品的题旨内蕴。

在周汝昌先生看来,刘姥姥不但形象塑造得很成功,而且为情节的发展推波助澜,作者借她的嘴暗示了许多故事的因果和人物结局。

红学专家冯其庸评刘姥姥时说:"刘姥姥在贾母那吃饭,想夹一个鸽子蛋吃,却掉在地下,心疼得刘姥姥直说,丢了几两银子。读者可能认为这是一个夸张的说法。实际上,清朝的达官贵人为了补身子,给鸽子、鸡吃人参等补品,再吃它们的蛋。一个蛋可不就是值几两银子吗？"

在冯其庸先生看来,刘姥姥是折射贾府生活和社会状态的一面镜子,无论是奢华的富贵人家,还是贫苦的农民阶层,或是纷繁复杂的社会状态,在刘姥姥这里都有智慧地反映。

而在我看来,《刘姥姥进大观园》已入课本,其人物形象的塑造是耐人寻味的。我们可以在两位红学大师的思想和看法的基础上,再思辨刘姥姥这个形象及其作用。

《红楼梦》中到底写了多少次刘姥姥？从第六回刘姥姥一进贾府至一百二十回巧姐定亲周家,大约五六次写到了刘姥姥。第一次是第六回见凤姐,凤姐偶有善心,赠送银两；第二次是第四十二回为凤姐女儿取名巧姐；第三次是第一百一十三回凤姐病重托付刘姥姥,说给巧姐保媒,为后来刘姥姥保媒定亲周家作了铺垫；第四次是第一百一十九回刘姥姥救出巧姐；直至最后一次刘姥姥保媒巧姐亲定周家。这条线伴随着刘姥姥和凤姐娘俩的命运波动。那是善、恩、情、义的故事,是曹雪芹在刘姥姥身上寄予的良善托付,也是对世人的有力提醒。

在我看来,纵观《红楼梦》始终,她的出场和塑造,其实不简单,包含了不少的"高大"甚至"寄托"在里面,我们应该另眼相看这位刘姥姥。甚至要说:感谢大观园内外的刘姥姥,因为她教会了我们安身立命、宽厚仁爱、有情有义等等诸多的人生哲学。我们不妨细细看来。

先是刘姥姥获得贾母的喜欢。贾母没有农村生活的经历,农村的事稀奇、古怪、新鲜,贾母一听大开眼界,因此刘姥姥得以在荣国府左右逢源、游刃有余。而刘姥姥是内心蕴藏着使命,怀着沉重的心情而来的:来了之后一方面战战兢兢,另一方面却必须随机应变,适应环境。她似乎粗直,却绝不鲁莽;似乎无知,却绝不低能。她善于调侃和拿自己开涮,用自己的出洋相来增加别人对自己的好感。她懂得察言观色,有时好像装疯卖傻,逗贾母等人开心,其实也都有她的心机。她装愚受辱,似乎并不过心,但实际上,真的是如此吗?刘姥姥第一次来之前,在家里就说过"不过舍了我这张老脸罢了"。她心里明镜似的,有求于人就要忍一时之辱。而刘姥姥最后成功地借这一点点人脉关系,尽可能地实现在与贾府的高攀中自身利益的最大化。她的聪明世故,她的通达人情,全都展现无遗。所谓"世事洞明皆学问,人情练达即文章",她的装疯卖傻,她的精心做派,是对有钱有势的亲戚不得已的巴结,也是人在屋檐下的不得不低头。就实质来说,她的的确确是一个高明的人,而这,恰恰也是最让人佩服的地方。

(一) 机敏过人,宽厚仁爱

鸳鸯也进来笑道:"姥姥别恼,我给你老人家赔个不是儿罢。"刘姥姥忙笑道:"姑娘说哪里的话,咱们哄着老太太开个心儿,有什么可恼的!你先嘱咐我,我就明白了,不过大家取笑儿。我要恼,也就不说了。"鸳鸯便骂人:"为什么不倒茶给姥姥吃!"刘姥姥忙道:"才刚那个嫂子倒了茶来,我吃过了,姑娘也该用饭了。"

刘姥姥的一个"笑"字,道出了她复杂而又纯粹的内心世界,不然,她不会让讲究等级的荣国府里充满了欢声笑语。

1. 善解人意

王熙凤、鸳鸯精心设计了一番,以"规矩"的名号来取笑刘姥姥,来取悦贾母。她貌似不知道,貌似傻乎乎地被大家笑话,其实她是大智若愚。她知道自己的角色,她明白大家的开心对于自己的意义,而后心甘情愿地逗大家。这就如同赵本山、郭德纲的小品、相声的精彩演绎,获得的是表演的成功和观众的关注。所以为了大家开心,她会忽然站起来说:"老刘,老刘,食量大如牛:吃个老母猪不抬头!"说完,却鼓着腮帮子,两眼直视,一声不语。如此的言语和举动,不得不让人佩服她的搞笑才华。当众人笑得前俯后仰的时候,刘姥姥的形象也逐渐"高大"起来。而她的这种"高大"是有技术含量的,她用自己独特的魅力和技巧搞定了整个大观园的人。她的趣味是雅俗共赏的,于是,大家都一起酣畅淋漓地乐呵了一回。

细细思量,刘姥姥的智慧,来自她自己的善解人意。这份纯粹的品质不是一朝一夕能培养起来的,所以,她的能耐让人尊重。

2. 与人为善

当鸳鸯借故骂人的时候,刘姥姥急中生智,替旁边的嬷嬷解围——"才刚那个嫂子倒了茶来,我吃过了。"而且,她是"忙"道,一个"忙"字不但折射出了她的机敏,而且反映出了她的善良。更为可贵的是,刘姥姥称嬷嬷是"嫂子",再回想之前,喊王熙凤是"姑奶奶",喊贾母是"老太太"……贾母是贾氏家族的"宝塔尖",她地位尊贵,身世显赫,并且对于所拥有的权威具有高度的自觉性。她是贾府这一封建家族的"龙头拐杖",既代表着家族的最高权力,也维护着家族的发展,在贾府中起着极为重要的作用。因此,刘姥姥虽然已经七十五岁了,依然对她非常尊重。如果说尊重贾母、王熙凤是为了巴结讨好的话,那称呼"嬷嬷"为"嫂子"则是真情流露。没有欺上瞒下,没有"见人说人话,见鬼说鬼话"的油滑。

她的与人为善是让人感动的,因此,大家都喜欢她了。

3. 聪慧机敏

刘姥姥又道:"这里的鸡儿也俊,下的这蛋也小巧,怪俊的。我且得一个儿!"众人方住了笑,听见这话,又笑起来。大家为什么又笑了?笑刘姥姥见识短浅,竟然不认识鸽子蛋,居然说是鸡下的蛋,很是小巧。而且糊里糊涂地说鸡儿长得俊,蛋也下得"怪俊"的,于是大家笑话她的说辞,笑话她的推理,笑话她的见识。

其实,此时的刘姥姥真就那么目光短浅、憨厚无知吗?"她一反乡野人孤陋寡闻、不敢说话的心理,故意装愚卖傻,意在博取贾母等人的欢心。"祝敏青老师在《语文建设》上这么认为,我觉得其实不完全是这样。

其一,她故作不明状。刘姥姥生在农村,长在乡间,不认识鸽子蛋,不认得鸟蛋岂不荒唐透顶?怎么可能将鸡蛋和鸽子蛋混为一谈?农村里面有的是鸡和鸽子,家养的、野生的到处都是,有一点点常识的人都晓得,何况是年岁已大、阅历丰富的刘姥姥呢?

其二,她是为了讨大家的开心。前面说了,凤姐和鸳鸯提醒刘姥姥吃饭的"规矩"。什么规矩?不仅仅是拿双"四楞象牙镶金的筷子"那么简单,其实还有就是讨贾母高兴,讨大家开心。刘姥姥聪明呀,她始终记得这个所谓的"规矩",于是处处在逗乐,时时在故意地"装疯卖傻",但又恰到好处、不留痕迹。所以大家快乐得酣畅淋漓。这些又恰恰反映出了刘姥姥的成功和智慧。

其三,她是为了讨大家的欢心。这个欢心可不是简单的高兴,而是处处被高看一等、备受尊重的幸福感。刘姥姥说"这里的鸡儿也俊",说"礼出大家",说"我只爱你们家这行事",诸多说辞让大观园的众人感到了备受尊崇的快乐。就此,刘姥姥也算实现了自己的目的。

(二)安身立命,智慧人生

封建社会,动荡年月,"朱门酒肉臭,路有冻死骨"是常态。刘姥姥和自己的女儿、女婿一起生活,这年的冬天,实在过不下去了,不得不寻思着出路。

刘姥姥女婿姓王,祖上做过小小的京官,曾经与王夫人之父认识。因贪王家的势利,便连了宗,认作了侄儿。终于,他们想到了女婿的富亲戚——王夫人。可惜自己的女婿狗儿又不出趟儿,于是刘姥姥不得不厚着脸皮,带着年幼的板儿,一进荣国府寻求帮助。第一次,差点连门都进不了,可见他们的寒酸程度,连荣国府的看门下人都看不起他们。我们不妨看看刘姥姥进荣国府前既激动又害怕的模样。平静自己的心情,她"掸了掸衣服";生怕出错,她"又教了板儿几句话"。一系列的动作反映了刘姥姥此时紧张迟疑、小心翼翼的心理状态,一个活脱脱的未经世面的农村老太婆的形象跃然纸上。最后,算是幸运,终于得到了王熙凤的关照,得了二十两纹银回去。

想来,刘姥姥为了一家老小的生计忍辱负重,为了家人的幸福也是敢于承担责任的。与她不成器的女婿形成了鲜明的对比,这份责任和担当是让人佩服的。

(三)知恩图报,有情有义

当富贵荣华的荣国府"轰然倒塌",当大观园的华美被摧毁,当那许多的丫鬟公子锒铛入狱或者被典卖的时候,当所谓大户人家唯恐避之不及的时候,刘姥姥来了,依然带着板儿。虽然王熙凤、贾宝玉已经被关进了监狱,虽然他们已经不名一文,但刘姥姥对他们依然客客气气、尊重有加。打点狱卒需要钱,准备衣食需要钱,来去需要钱,但刘姥姥来了,而且真心来看望他们。为突如其来的巨大变故,陪他们一起潸然泪下。

如果说刘姥姥来看望他们是为了报答情感的话,那营救巧姐就是知恩图报了。

王熙凤狱里流泪托孤:自己唯一的女儿巧姐被她的舅舅卖到了烟花之地。拜托刘姥姥救"巧姐"于水火。刘姥姥当即表态,一定将她找到,赎出来。

当荣国府经受毁灭,刘姥姥的举动和王熙凤的哥哥等富贵亲戚的行为形成鲜明对比,一个是仗义疏财,一个是落井下石。为了营救巧姐,刘姥姥甚至不惜倾家荡产。这份道义,确实令人感动。刘姥姥的处世哲学和人生智慧难道不值得好好推敲和琢磨吗?

纵观始终,我们不难发现,刘姥姥不是丑角,不是可有可无的配角,而是光鲜亮丽的核心,是不可缺少的"主角"。她在《红楼梦》中是一个具有斑斓光彩的人物。与其说刘姥姥是一个单纯的人物角色,毋宁说她是一种多元写作策略的体现。当下,学校教育围绕"立德树人"的导向目标,落实"社会主义核心价值观"的精神,引导学生科学解读刘姥姥还是相当重要的。她的责任、担当、善良、智慧、仁义等优秀品质是必须得到大家认可、仰慕和学习的,特别是对中学生人生价值观的取向教育是大有裨益的。

抓建设——阅读营:提高学生自主阅读能力的摇篮

不知为什么,我忽然莫名地伤感和担心起来:也许是因为当下的中考高考语文对学生们读书的要求越来越高,也许是因为学生阅读能力和阅读水平不高的现状,尤其是良好的阅读习惯未能普及。每次语文考试之后,你会发现,不少学生的试卷上是一片"空白",当然,此处空白主要指题目和阅读原文上,没有任何阅读过留下的痕迹。语文考试中尚且做得如此一般,更别说其他学科的考试和平时的书刊阅读了。

于是,我们思考并实践起"阅读营"的建设,立足于让其发展为提高学生自主阅读能力的摇篮,借此平台来有效地提高学生的阅读素养,促进他们养成良好的阅读习惯。

1. 立足"营"来浓厚阅读氛围,建设阅读团队

既然是"营",就不是一个人、两个人,而是一个团队,大家一起读书,共同进步。我们从三个纬度来建设"阅读营"。其一,大营。以全市的初中学校为基础,以"语文阅读基地"为平台,积极打造富有地方特色的阅读品牌项目。全市一个营,全市一盘棋,全市一课题。以省级立项课题"初中拓展性自主阅读的行动研究——基于扬中市语文'阅读营'的实践"为抓手,全市语文人共同探讨"自主阅读"的话题,尤其是在课外拓展阅读领域,积极探索,不断行动,有所作为。其二,中营。一所学校就是一个中营。每所学校都有自己的特色,都有自己的风格,都有自己的阅读文化。尊重学校个体的文化底蕴,各个学校应挖掘历史故事中的阅读元素,做大做强,做出自己的阅读特色来。扬中市八桥中学成立了"广善"文学

社；江洲中学成立了"香樟"文学社；外国语中学成立了自己的"稻花香"文学社，这其中包含了对鱼米之乡的赞美和热爱。而八桥中学的"善"文化做得很有特色，学校也是在"广善堂"的基础上建立起来的。香樟树则是江洲中学的校树，学校大门口就有三棵硕大的香樟树。"大树下"是江洲中学的阅读文化景点。其三，小营。以班级为单位，注入自己的阅读管理文化，班级就是一个阅读小营："阅读角"既有自己的自主管理文化内容，又有阅读明星推荐，还有好书、美文共享。黑板报上更有阅读考核栏目，教室走廊上装点着"红色"阅读小报。丰富多彩的班级阅读内容让小营富有张力和凝聚力。在此三营建设的同时，全市以"语文阅读基地"建设为纽带的营地辅导员团队也建立起来。他们是各个学校的语文骨干教师，在一起聊聊议议论论语文阅读的这些事，其乐无穷。至于学生营员的团队建设，更是水到渠成的事情。

2. 着眼"自"来调动一切资源，挖掘阅读魅力

阅读营中，每位参与者自觉行动起来，充分认识到阅读的意义和价值，进而思考自己的阅读行为，一起让阅读更具魅力和吸引力。都说教育是一种唤醒，我们一起唤醒了三类自觉。

(1) 唤醒了教师的阅读自觉

别的学校的政治学习一般都是校长讲，行政部门布置具体工作，教师们用心记录以便细致落实。我们阅读营是在学校尽可能地安放书籍报刊，试图将校园做成开放式图书馆。会议室里也到处是图书，政治学习期间必有教师分享读书感悟的环节：用读书陶冶性情，净化心灵，提高生活品质。积极提出激励举措，激励教师们多读书、多感悟、多创作。在"高品质发展'四有'好教师'融微'论坛"上畅所欲言，分享己见，提升自己，影响大家，形成自觉阅读的美好氛围。

(2) 唤醒了家长的文化自觉

我们在学校划分出12个文化园地，让12个班的"家委会"进行以"校园是我家，美好靠大家"的主题活动，评出最"融"家委会予以表彰。当然，文化建设的重要主题之一必然是读书，因此在相应的地点建设了"书香"文化角。这里有美文，有班级的优秀榜样图片，有精彩的文化内容，有班级家庭的动人故事……这里的文化是活的，是有生命力的，是"家校共育"的最美呈现。借此机会，家长的参与热情被充分调动起来了，共建书香校园的文化自觉也有了，亲子阅读在小营中也蔚然成风。

(3) 唤醒了学生的心理自觉

不知从什么时候开始,极少数校园有了极端悲剧的发生。于是不少学校铺天盖地地强调心理教育,强调生命安全,甚至班主任每节班会课都会不断强化,生怕出事。结果可想而知:学生、教师背负着不该有的太大的压力和负担。我们用《江中好声音》播音节目来缓释大家的紧张精神状态。在这方天地里,我们每天中午会在固定的时间,播放精美的文学作品,推荐优秀的诵读学生。他们用自己的好声音,在大家吃饭的20分钟左右的时间里与大家进行心灵的互动。对话文学,对话大师,对话内心的真实世界,让自己安静下来。一边吃饭,一边聆听,一边欣赏,一边提升,心理教育逐渐自觉于无形。因为有"好声音",有音乐相伴,有文学相伴,大家的心情自然是美好的,而且天天如此。

3. 围绕"主"来做足主观文章,激发阅读热情

兴趣是最好的老师,对兴趣走向起决定作用的应该是人的主观能动。有了主观认可,阅读才能有滋有味。那么如何才能激发大家的阅读激情?我们阅读营一起做足了活动文章。

(1) 活动内容激发

每年开学伊始,我们按惯例举行"红心9·20"活动。学生们既可以自主选择红色经典作品进行阅读,老师们也依据中考高考的要求统一指定必读的红色作品。为了加强对作品的理解和思考,在大家认真品读的基础上,阅读营组织大家一起欣赏红色经典电影。观赏完之后,一般会布置读后感和观后感的写作竞赛作业。与此同时,我们又会组织以小营为单位的诵读比赛,每位营员都上台挑战自我,展示自我。复杂多样的文学品读活动,抛弃了教条式的读书,令阅读更符合青少年的年龄心理特征,大家的喜欢是不言而喻的。

(2) 活动评价激发

评价多元,让学生在阅读活动的过程中感受到阅读的美好和思考的幸福。依据对文学作品内容掌握情况的不同,我们会评出一颗星、两颗星直至五颗星的阅读明星级别。既富有游戏色彩,又富有挑战性,学生挑战晋级的过程是非常开心的;让退休老师和知名校友来做评委,别样的眼光和评价,尤其是他们特别的阅读故事和感悟令大家启发很多;至于最佳图书管理员、最佳朗读明星、最佳诵读明星、最佳赏读明星、最佳思辨高手等独具特色自主角色的评定更是让获奖者兴奋不已,一张小小的证书会成为他们永远的记忆。

(3) 活动结果激发

最受瞩目的应该是获奖结果。有时,我们会组织阅读营进行隆重的颁奖典礼活动,学生自主主持,自主导演编排演绎。在这里,我们不仅颁奖给学生,还会颁奖给最美阅读家庭。有时,我们会举办优秀文学作品展。其他学校的校训、校风、学风等语言是凝固的,我们这里是鲜活的,因为有学生的文学表达和真心互动。在这里,学校的文化也被文学语言激活,让人感受到其内涵的魅力。可以想到,学生自己的阅读思考和学校文化结合在一起时,他们内心会有怎样的愉悦和快乐。我们会积极邀请电视台来对在文学竞赛中表现优异的同学进行专访,制作他们的文学动感视频以示嘉奖;另外,这些阅读明星是一定会出现在我们的校园"光荣榜"中的,也会出现在每个班级的"风云榜"中。对特别优秀的同学,我们还会将光荣榜单邮寄到社区进行张榜表彰。一次次的成功、一次次的鼓励、一次次的触动,文学的种子会在萌动的心灵生根发芽、开花结果。慢慢地,这份阅读的美好感受会如鲜花般芳香。

没有最好只有更好,引导师生"读好书、好读书"事在当下,功在千秋。阅读营建设,我们一直在路上:一路风景,一路情怀,一路提升。

赋能文化建构篇

学校文化是校园精神建构的最高境界,是实现学校发展的最高层次。遗憾的是,学校的不少师生往往忽略学校文化的存在,更不会想到扬中市联合中学学校文化历经沧桑的历史和内涵,没有读懂其精髓和价值。也许这就是自主思维的缺少导致的结果。假使都以主人翁的姿态建设学校文化,自然就会萌生更多的责任和担当。

一、学校页

思维在立德树人中——走校园文化立德树人之路

(一) 走出去:"学而时习之,不亦说乎"

我曾经有幸走进了中国长三角地区知名的学校校园,也有幸步出国门,寻访名校,感悟名校的文化底蕴,倾听名校的发展声音。如今偶尔拾起其间的花絮和心得,总是感慨万千,如饮醇酒,日久弥香。尤其是他们的校园文化建设,无疑是一道精品,耐人咀嚼和回味。

记得严华银教授提醒学校:在这个世界上,没有别的东西比文化更难捉摸。学校不能分析它,因为它的成分无穷无尽;学校不能叙述它,因为它没有固定形状。学校想在文字范围内表述它的意义,这正像要把空气抓在手里似的。当学校去寻找文化时,除了不在学校手里之外,它无所不在。文化内涵的丰富、深刻、难以捉摸以及作用的强大,令学校着迷和神往。

1. 历史中挖掘办学渊源

苏州市景范中学,你不得不佩服她的千年底蕴和厚重的人文文化氛围。在范仲淹"先天下之忧而忧,后天下之乐而乐"的经典故事里,多少后人备受恩泽。在这所校园里,你会切身感受到古典文化和现代文明的智慧融合。站立在范仲淹纪念馆门口,面对先人高端深沉的思想魅力,学校在深思,学校在仰慕。

2. 园景中透析办学思想

成都市武侯实验中学,看到他们的"陶园""苏园""新教育园""文化长廊""行知书吧"等等特色鲜明的校园文化建设,你会感受到陶行知教育思想的活力精彩,能体会到苏霍姆林斯基尊重人格、提高人品的育人精神在闪光。武侯实验中学将"平民教育"的理想落实细化到了平常工作的点点滴滴中,实现了"润物无声"。

3. 异域中辩证思考文化

美国加州的学校文化元素中竟然有海盗船和海盗文化?这样的设置不知源于什么。或许是他们的历史故事,或许是源于他们的文化认同,或许是源于他们的人性认可⋯⋯终于没能寻觅到肯定的答案。但恰恰是这份文化的另类和多元让我们对美国教育,乃至美国人的心态有了自己的思考和认识。美国之行,我们更多的是在追问,是在求证中思辨。

回想起来,古今中外文化育人的思路倒是不可争辩的共识。

(二) 思起来:学以致用,谋略致远

第一,抚今追昔,思考自己。江洲中学,有其特殊的故事。它建在扬中市三茅街道民主路32号,有悠久深厚的文化底蕴,有百年办学历史,自强不息是其永远的校训。扬中县中、扬中县城镇中学、扬中市第一中学等都曾经在此发展。翻开历史,这里曾经是扬中市革命历史纪念馆旧址所在地。

第二,立足当地,思考未来。就着对"扬中由四个江岛组成,港口经济连接世界物流网,对接40多个国家"的思考,学校建筑彰显交织、连接、融合、独立、自然的特色,处处表达着连接与编织的元素,形成了包含现代、本土、未来元素的建筑风格。"连线世界,编织未来"成为学校的办学理念。

第三,透析队伍,谋略顶层。学校目前有江苏省"333工程"培养对象,有镇江市中青年骨干教师多名,有"扬中市名校长"。江苏省基本功竞赛一等奖等各级各类竞赛获得者在全体教师中占比达65%。有由学科带头人领衔的国家级课题一项。因为有师资的保证,所以有培养学生"善思善辨、博学博爱、自律自由"的关键能力。为让学生的天赋自由发展,学校正着力打造着眼长远的"未来岛"课程。"自主合作"已然成为学校教育教学发展的主基调,文化建设成为学校质量提升、人民满意的主渠道。

（三）做到实处：立文明德行，树自主人生

习近平总书记指出："思政课是落实立德树人根本任务的关键课程。"为了更好地立德树人，为了让思政课更具活力、张力和吸引力，学校在认真解读学校发展历史的基础上，对校园文化建设进行了立体式的实践和创新，并在江洲中学富有特色的思政课上践行。

1. 理论建构

学校校园以红色文化为主基调，以红色思想为主内容，以领袖人物名言为主声音，让学校的广大师生能天天接受红色革命思想的洗礼，能切实悟得美好新生活、幸福新时代的来之不易。让校园的墙壁"说话"，告诉大家伟人的故事和伟人的思想。用红色思路和伟人思想来构建学校的文化基础。培养什么样的人？为谁培养人？怎样培养人？学校试图在校园文化中能找到答案。学校的红色文化氛围不断地提醒大家，没有共产党就没有新中国，没有共产党的坚强领导就没有国泰民安，就没有学校实现"中国梦"的目标。在校园文化的建设和推进渗透中，学校力求"让每一个人都自信，让每一个人都成功，让每一个人都铭记"！

2. 活动推进

学校精心组织了"红心9·20"系列活动。这些活动由一节节丰富多彩的校内校外的思政课组成。从每学年的开学日到9月20号，开展一系列以"爱党爱国爱人民"为主题的活动——看一部红色电影，写一篇暖心观后感，读一本红色书籍，写一篇爱心读后感，做一项暖心家务，绘一张红色小报，出一期红色黑板报，举行一次红色吟诵活动。师生们在活动中感受着祖国日新月异的发展，为国力的强大和人民的团结幸福而激动。

为了使社会主义核心价值观深入人心，学校深入践行着：第一，将社会主义核心价值观的12个关键词安排给12个班级，一个班级以一个关键词为主题。他们的黑板报、他们的小报、他们的走廊文化都围绕这个主题展开。第二，将校园的区域划分为12个大板块，交给班级和家长委员会管理。由他们围绕主题，自主设计，自行建设，让老师、学生、家长共同建设，实现"学校是我家，美好靠大家"的办学思路。第三，学校安排了12块流动展架，让每班定期灵活地将班级风采展示在这上面,使其成为班级文化展示的活展台。而12块展架合起来,又是学校文化精彩的整体亮相!

3. 反馈提升

学生才是学习的主体,思政课当然也不例外。只要看看他们的作品,看看他们的作业就能明白了。学生的热情在红色教育活动中被点燃,他们的思维是那样的有创意。家长呢?他们是人民的代表,他们的反馈令人深思。当然,学生的反馈还关注社会,关注一流学校影响力的提升。学校对多方位评价也有了重新的认识和思考。和谐、上进、融洽的氛围也是学校美好的文化风景。

读万卷书,行万里路,寻访学习之旅让人视野大开,境界升华。聆听教育大师的声音,和他们在课堂交流对话,受益颇多;感受上海、江苏、浙江、安徽众多名校的特色文化,思考其缘起,令人顿悟;走进美国,在异国教育里行走,是另一种体验和感悟。我思故我在,我行故我真!学校在积极实践探索,有红色革命元素做点染,带着这份教育人的情怀,相信立德树人之行,必然一路风光和美好。

思维在家校融合中——扬中市江洲中学家校合育文化建设纪实

社会主义核心价值观是我国文化自信的重要组成内容,党的十九大把培育和践行社会主义核心价值观作为一项战略工程来抓。为扎实推进社会主义核心价值观的宣传、学习和实践,更好地立德树人,扬中市第一中学教育集团江洲中学以"融"教育为自主思路,融合校园内外诸多办学资源,开展了"红心9·20"系列活动。以校园文化墙布置活动为线索和牵引,让师生、家庭共同参与校园文化建设,实现"校园是我家,美好靠大家"的办学理想。

活动以班级为单位,以社会主义核心价值观为主旨,以12个关键词为各班文化角的文化主题,全校共建校园文化。在"班级是我家,进步靠大家"的影响下,各班家委会成员在设计和布置文化墙的过程中更加关心学生、了解学校,更加理解、接受、支持学校的办学理念和校园文化,使学校和家庭形成了强大的教育合力。

文化墙——家长社会资源呈现的平台和舞台

背影——亲自动手,时间、身高、物质、智慧……都不是问题

下蹲——认真,细致

梦想——梦航之花,身边馥郁,值得期待

内涵——文化墙的主题,让全校同学更加深刻地了解社会主义核心价值观内涵,更好地树立正确的人生观、价值观,进而形成校园良好的学习氛围和文化基调

奋斗——人生能有几回搏？青春,离不开拼搏,更少不了奋斗

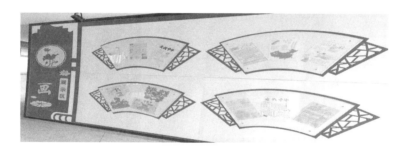

红色——少年有信仰,国家的未来才有希望。大海航行靠舵手。迷雾中的灯塔指引前行的方向

融爱——爱的教育,融汇在友善中,架起心与心的桥梁

青春——个性成长,青春绽放,激情飞扬

班级——12个班级围绕核心价值观中的一个关键词设计黑板报,布置教室。各班的板报都紧紧围绕社会主义核心价值观进行制作,且形式多样,既有剪纸作品,又有书法、绘画作品。在潜移默化中将社会主义核心价值观根植于学生的心灵

小报——校园走廊文化以及手抄报的设计也是学校的一大亮点。学生以图文并茂的形式诠释了他们脑中的社会主义核心价值观的深刻内涵,表达了自己对中国红色文化的思考和理解

家园——照片墙,展示的都是最可爱的学校,最动心的家园故事。在家里真诚地许下心愿,未来在前进中不断清晰

个性——多才多艺的风采展示，呈现个性的校园、个性的文化

成长——每一次成长的收获，都化作登高路上的动力

红心——"红心9·20"主题活动是扬中市江洲中学的一大德育品牌特色。该活动推动了社会主义核心价值观进校园、进课堂,"点中有面,面上含点",丰富了校园文化生活,加深了师生对社会主义核心价值观的理解和感悟,让大家懂得了只有努力学习,才能实现梦想,才能为实现中华民族伟大复兴的"中国梦"贡献正能量

扬中市江洲中学引领师生在红色文化教育熏陶中体会社会主义核心价值观内涵,让社会主义核心价值观引领人生发展方向。学校坚持以立德树人为办学主旨,家校携手自主思维,在探索中自主发展前行,不断谱写学校文化建设和高品质发展的新篇章。

思维在自主文化的唤醒中——从扬中市联合中学管理艺术说起

(一) 文化自主

1. 学校文化——师生知晓

扬中市联合中学创建于1960年,是一所有着自己历史的学校。历经众多师生数十年的努力,目前学校占地23 280平方米,建筑面积5 118平方米,教职工56名,学生274名。

在众多闻名海内外的校友中,最出名的要算72届校友殷方龙。他目前任中国人民解放军政治部副主任(中将军衔)。认识杰出校友,既是让学校的师生心生自豪,更是激励学校的师生奋发努力。

学校力主以德兴校的主旋律,正全力深入打造"雷锋文化教育基地"。由此,学校提炼出了"合作、共赢、奉献"的校风并把它美化在了墙上。这是学校丰富文化内涵的众多举措之一。学校积极响应了教育局提出的"活力教育、生态校园、幸福师生"的办学理念。

扬中市联合中学利用升旗仪式、校园广播、文化墙等途径,强化了师生的认知,增强了师生的凝聚力和自豪感。

2. 班级文化——师生动手

为了学习先进的教育理念,市教育局带领大家去了教育先进的省市参观学习。学校因地制宜,根据学校的特点,营造了自己的班级文化。每名学生的桌上都有座右铭,小组都有组名,有分工,有口号。各班都有自己的班旗、班歌、班级誓词。班级的真正主人是班级的学生。学校墙上,有关于小组擂台赛情况的表格。擂台赛既是比赛,更是游戏。学校力图让班级充满更多的快乐和欢声笑语。

3. 办公室文化——大家美化

近两年,学校办公室都铺设了新地板,更换了办公桌椅。学校还将报刊送进了办公室,让大家更便捷地享受文化食粮。每间办公室都有鲜花的点缀——这样也是人文化管理的体现!

(二) 管理自主

1. 学校

扬中市联合中学有自己的"组织示范橱窗",安排学校的党员、团员管理。由此学校管理的诸多细节都有了"组织"。

2. 班级

(1) 小组合作——力透纸背

在联中,每个班都有自己有形无形的合作小组,有自己的互帮团队,有自己的竞赛小组,有自己的班委岗位。学校、班级定期举行评比,对优胜的团队进行奖励。

教学的主阵地在课堂,"联中人"积极倡导和实践主角是学生的课堂,积极打造"三三三"课堂教学模式——兵教兵、兵带兵、兵练兵、兵成兵。在这里,老师们、学生们收获了自己的成功和喜悦。

(2) 以生为本——力求高效

在联中,班级力求给每位学生机会,让每个人都模拟做班委,让他们在自己的天地里提高自己的能力,提升自己的素养。

(三) 发展自主

1. 学生发展

积极搭建平台和舞台：社团建设是抓手。联中共有九个学生社团，学生自己管理，教师协作。"为善爱心"社团已经运作成熟，"香樟"文学社已经组建，校刊《香樟花》即将出版，学校读书活动更是开展得有声有色。

2. 教师发展

科学谋划、积极实践、绩效奖励。在联中，每周一的政治学习，老师们有自己的"自主论坛"，大家分享各自对"自主"的认识、体会和实践经验。学校通过各类比赛，将老师们的思想火花组织起来形成文章在省级刊物发表。相信在所有联中人的努力下，大家一定能不断收获喜悦！

扬中市联合中学自主思维中燃烧着"热心崇善"的"火炬"

(一) 理念崇善

学校正积极实践"自主崇善"办学理念。雷锋文化建设已在学校深入推进，已经立项镇江市市级课题。"让墙壁说话，让花圃说话"，学校试图让孩子们耳濡目染学校的雷锋文化建设。墙上是醒目的学校校训——求真崇善，自强奋进！

(二) 课程崇善

"我是一个兵"是扬中市联合中学每学期的开学课程的主题。除了军训外，学习士兵的好品质，舍己为人、团结协作等是理论课程的必然内容。在社团建设中，学校通过"为善爱心"社团的活动内容逐渐整合出自己的课程体系，其外延将由纯粹的助人为乐延展到必要的社会责任意识和社会公益活动。

(三) 修饰崇善

1. 好人榜

开学课程中，先学习身边的好人，感受身边的"活雷锋"。这是学校的德育课题，也是学校的文化，让孩子们理解什么样的人是联中人，什么样的品质是联中的品质——"善良"。

2. "为善"墙

"为善"墙中的"为善"出自"与人为善"，"与人为善"出自《孟子·公孙丑上》。学校倡导每名联中人：真做好人好事，必做好人好事，比做好人好事，奖励好人好事！

具体建议：①心动不如行动，每周多做好事。②每周的好事情遴选上墙。

③学期期中和期末评选好人好事,评选感动联中的好人好事并进行表彰。

(四) 家校崇善

善待学生、善待家长、善待家庭。让学生、家长得到相应的善待,这就是最好的崇善。学校想方设法,利用各种途径让学生以及家长得到尊重,甚至奖励。当然,学校也走进家庭,对"双困生"进行走访,对贫困家庭进行慰问。喜报进社区,让学生、家长得到社区群众的尊重。这些举措令学校赢得了人们的交口称赞。

秉持教育局"活力教育、生态校园、幸福师生"的办学理念,为了个人、家庭、社会的幸福,学校积极践行、锐意进取、奋力作为。

思维在校训的自主发声中——校训传承五部曲

曾经非常喜欢一所四星级高中的校训,于是在校园里随便问问学生的理解,竟然有了不可思议的发现:学校很多学生竟然不知道校训是什么,其实学校大楼的墙上赫然写着呢……

当下,太多的学校在做校园文化,或不惜重金请广告文化公司策划,或自己绞尽脑汁地去设计,或想方设法地在自身的历史故事中搜寻厚重的文化积淀。其目的不言而喻:让校园更有文化味,让教师更有归属感,让学生更有使命感,让校史更有厚重感……

遗憾的是,学校的校园文化,学生知之甚少。即便是在处处能见校训的校园,学生们也会视而不见,老师也从来不"教",更不要说一起继承和弘扬。试问,学校的校园文化,意义何在呢?学校似乎被什么东西模糊了育人的"双眼",学校似乎在不断忽略育人的根本目的。

就此,有人会问,如何使学校的校训让师生知晓呢?以"求真崇善,自强奋进"的校训为例,学校不妨试试"五部曲"。

(一) 注重沿承 继往开来

"求真崇善,自强奋进"的校训理应是学校文化重要的组成部分,应是学校最醒目的标志,应是校园最亮丽的风景……"求真崇善,自强奋进"的校训自1960年开始,一直被沿承至今,自然有它精彩的故事。让故事动情,让精神展现,学校提炼出"自主崇善"的办学理念,"求真崇善,自强奋进"活了,成为校园的主旋律。

(二) 思想引领 渗透常态

校训理应被融入校园管理的细节中。这不,学校有"为善墙",有"为善"社团。每周各班将班级遴选出的好人好事的事迹张贴在"为善墙"上;每周的班会课上,大家畅叙各自的为善体会,共同提升。此环节成为班会的规定环节。学雷锋做好事,不是三月份才有的事,是长年常态的。教室里,学生会为别人服务;公园里,学生会主动捡拾垃圾;邻里间,学生会主动和孤寡老人谈天说地……为善的暖流在学生们心中静静流淌。

(三) 环境宣传　耳濡目染

学校的每面墙都可以"说话",学校的每面墙都在"说话"……学校有自己的校树——香樟树,还有校路香樟路。香樟路的尽头是校训墙。这里既有醒目的校训,又有雷锋头像赫然在列。这是学校的一道风景线,各班的集体照在这边拍摄;退休老师离开时,也以它为背景,合影留念。校训墙的最下边,装饰的是红色基调的长城图案,与远处毛泽东主席的"好好学习,天天向上"以及习近平主席的"依靠学习,走向未来"遥相呼应。做具有"自主崇善"特质的人在这里浑然融合,不断提醒每名教师、每名学生检点自己的言行举止。它是一面镜子,它是一位长者,它是文化的"布道者"。

(四) 活动推进　魅力激发

学校已经形成惯例,每学期的开学第一课,学校校长总会和大家一起分享学校的校园文化,做些游戏,发点奖品。在近两个小时的时间里,没有学生想睡觉,甚至忘记了上厕所。学校的校训是什么?你怎样理解自主?你觉得假期最让你幸福的助人为乐的事情是什么?你们知道自己的学习靠谁?你们还记着自己的青春梦想吗?……这些涵盖校训的演讲在校长的嘴里不是问题,不是灌输,是快乐的代名词。大家接着校长的话各自愉快地表达着。校训根本无需背诵,无需强化,在孩子们的脱口而出中已然内化到了他们的心灵深处。校训已然有了生命,并迸发出了无限活力。

(五) 立足常态　着力发展

面对旧思想,面对教育的窘况,教育人都在思考教育的新常态,都在适应和实践国家的教育改革。不言而喻,文化的校园需要内涵,幸福师生需要学校的精神家园。在学校每周一的政治学习中,"议事制"正不断散发着自己的独特魅力,"捆绑式"考核正让大家心连心——心往一处想,劲往一处使。党员议事、青年议事常态化进行着,民主的春风吹拂进大家的心田。校委会、家委会常态运作,第三方的评议令教育教学质量更具说服力,"自主、生态、高效"的思想已经深入人心。为了学生的成长,为了学校的发展,学校的校训自然是大家永远的"心灵鸡汤"。在这里,自主意识被唤醒,自主管理成为学校管理的新机制,成为学校的管理特质。

在每周的国旗下讲话活动中,各班的发言都围绕"好人好事"展开。班级的"为善"社团在这得到了更好的宣扬,"学雷锋标兵"得到了更多的认可和鼓励。做好事,不再面红耳赤。毛遂自荐式主动去做成为主流。正能量在学校成为激励师生发展的洪流。

校训的精神在校园"春暖花开"……

校训是什么?有人说是口号,有人说是思想,有人说是历史,有人说是内涵,有人说是文化……我更倾心于"心灵鸡汤"的提法。它被知晓后,就必然是学校幸福发展的"心灵鸡汤",是学校不断跨越的"心灵鸡汤",因为幸福是种心态,是一种境界!

二、班级页

自主思维在关爱学生的心灵中——幸福着学生的幸福

扬中市八桥中学坐落在扬中市东南端,身在"八中",我延续着自己一如既往的做事风格、教学习惯。我做了近二十年的班主任,虽然现在不做班主任了,但班主任情结,对学生们的关注,自己是一直坚守的——无论做不做班主任,尤其是面对学生的特殊现状,我给自己的目标定位:务必要"幸福着学生的幸福"!

(一)抱负的故事

每当看到孩子们灰头垢面的模样,每当看到学生们迷茫的眼神,每当看到家长们面对学生时的无助眼神,我总是质问自己:学校老师作为了吗?早就知道"人无远虑,必有近忧"。鲁迅先生幼时在课桌上刻"早"字的故事自己也早知晓。古人说:"三军可夺帅,匹夫不可夺志。"周恩来总理早年立志:为中华之崛起而读书!学校不断思考,如何让学校的学生不再是在家长的逼迫下读书,不再是在老师的苦劝下学习,而是在完全明白学习的目的,明白"自主"的含义……上学习。

学校在学生的座右铭上做起了文章:

①各班班主任让学生自行设计富有个性的座右铭;②内容建议是自己的人生理想、目标学校、幸福格言等;③将座右铭贴在自己课桌的右上角;④每天到校先看看自己的人生理想,读一读自己的座右铭。

如此建议后,学校所有同学都动了起来,大家不再是"死读书、读死书、为读书而读书",他们成了有理想、有追求的鲜活个体。或许学生的座右铭短时间不能立竿见影,但毕竟学校在意识上作了启蒙和渗透,相信假以时日,定见功效。

试想,每当我们看到那些智慧和期待的眼神,怎能不幸福呢?

(二) 周日的故事

学校为了教学质量,为了孩子们的未来,顶着管理上的数重压力,每周日会安排有需求的部分九年级学生到校上晚自习,有的孩子来得比较早,下午就来了。这又给学校管理出了难题:谁来关注这些学生呢?作为分管德育和教学的校长,我责无旁贷。一年下来,双休似乎已经与我无缘。每到休息日,自己总是感到有桩事情萦绕在心头。或许这就是长期从事教育教学工作所形成的一种特殊的责任感吧。

当然,为了更好地利用好这段时间,周日下午,我会找部分学生谈话。他们来自九年级各个班级。我和他们聊理想、聊人生、聊学习、聊生活、聊家长、聊老师、聊同学……从他们的眼睛里,我能读出城郊学生特有的淳朴和实在,这也是一种快乐!

为让他们更有动力,更有活力,我告诉他们知识改变命运,给他们讲扬中市施正荣博士的创业故事,让他们领会人生能有几回搏的意义。在学习上,我提醒他们细节决定成败,要重视自己的学习习惯,要关注老师强调的每个细节;提醒他们事半功倍,要用科学的方法来有效地学习;提醒他们科学地安排好学习生活时间,注意自己的学科平衡,做好查漏补缺工作……和他们一起应对口语考试,一起面对体育测试,一起承受紧张的毕业班压力……因此,毕业班的辛苦、劳累和成功的喜悦,我感同身受。但我依然感到幸福,因为我将自己的感情定格在了深厚的班主任情结上,他们就是我"特殊"班级的学生。

(三) 小沛的故事

小沛的父母离异。小沛的父亲长期漂泊在外,对孩子不闻不问。小沛的母亲更是离家出走,常年杳无音讯。这样家庭中的孩子,八桥中学还有不少:有的是家庭问题,有的是经济问题,有的是身体问题……为了让他们感受到关爱,教师们尤其小心翼翼地呵护他们,他们的心灵是最容易受到伤害的。比如,为了让市政府的爱心助学基金发到位,特别是让这些学生领用到位,学校一方面积极为他们申报,另一方面勉励他们学会以平常心来接受,学会感恩,学会通过努力为自己争取更多受关注的机会,学会知晓这也是为家庭承担责任……

另外,学校还通过各种途径营造爱心氛围,为学生健康心理的形成,为学校"广善"文化的"厚积"而努力。比如"爱心超市"活动,学生有买卖的实践体验,所得的钱款按比例捐献。学生乐在其中,老师们更是寓教于乐。

当然,学校通过细节关爱来温暖学生们易受伤的心。这不,周日下午,我自己班上的小沛又来到了办公室。他是带着《中考指南》来的,我一眼就瞥见了他的球鞋——就要体育中考了,这鞋……"小沛,你的鞋多大尺码呀?""40码。""你明天下午到我办公室来下……"

第二天,我交给他一双运动鞋。"谢谢老师!""小沛呀,永远记住:天道酬勤,好好加油!今后,如果在经济上有问题,无论在不在我班上,任何时候找黄老师,都肯定没有问题!""谢谢黄老师!"

小沛是个很结实的小伙子,不算特别聪明,成绩也一般,七、八年级时还逆反,甚至作业也不做。到了初三,他懂事多了,即便成绩不是特别出色——已经在不断进步了——估计考高中没问题。当然,学校都在期待他的不断进步。这或许就是我的另外的幸福感了!老套的故事在城郊学校不断上演,不断感动着学校,感动着学生,感动着教师。也许这就是我一直幸福着的原因吧。

城郊的孩子,他们的家庭显然没有城里孩子好,他们的物质条件显然没有城里孩子优裕,他们的眼界显然没有城里孩子那么宽广,但他们的智慧未必不如城里孩子多,他们的心灵未必不如城里孩子那么纯粹,他们的质朴和憨直或许是城里孩子永远没法比的。所以我在城郊,我一如既往地幸福,因为我能享受"灵魂工程师"的自豪,能享受"为人师表"的责任和尊严,能享受"身正为范"的自豪!

自主思维在班级管理中——丰富班级自主文化,巧借信息提升品位

教育的终极目标是人的全面而有个性的发展,个人信息技术的能力是个人发展的重要元素之一。班级是学校的基本组成部分,关注班级,关注班级文化建设,关注班级建设品位是每一个教育者尤其是每一位班主任的重要工作。

班级是学生在校学习的主要活动场所,是学生优良的道德品质、健全的人格、积极向上的精神状态形成的主要基地。人总是在一定的文化环境熏陶中成长起来的。实践表明,在同一校园文化中,不同的班级间存在着一定的文化差异。这种差异,不但体现了不同班级间的个性特征,更反映了各班级间发展的差异。

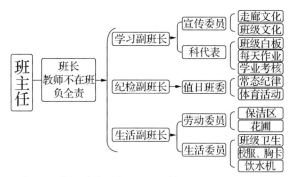

分工明确，责任到人，及时提醒，无比轻松

图 5　联合中学班级自主管理网络

班级建设的重要方面就是班级文化建设。班级文化，尤其是自主文化直接影响到学生对学校生活的感受和参与程度，影响到学生社会化和个性发展水平，影响到学校教育的成果和质量。班级文化不仅能为学生的素质发展创建良好的氛围，还能对形成一个勤奋向上充满活力的班集体起到桥梁纽带作用。加强班级文化建设，努力营造积极、健康、自主向上的班级文化，已成为学校提高班级管理水平和促进学生发展的一个重要举措，也是优化学校教育的有效途径。现代班级管理中，信息技术是班级文化建设不可或缺的技术支撑之一，也是制作班级文化名片的方法之一。

（一）班级文化建设需要信息建设

班级文化是指班级成员在班主任引导下，朝着班级目标迈进过程中所创造的物质财富和精神财富的总和，它在一个班级中是客观存在的。班级文化是班级内部形成的独特价值观，共同思想、作风、行为准则的总和，它是班级的灵魂所在，是班级自下而上发展的动力和成功的关键。随着现代技术的日新月异，班级文化建设自然要与时俱进，而班级信息建设自然是其不可或缺的补充。有了信息技术充实的班级文化是一种无形的教育，具有一种无形的教育力量，它将有利于班级德育工作的顺利开展。班级文化是开发学生潜能的软环境。因此，应十分重视班级文化建设，进而重视班级的信息技术建设，让自主思维在其中助力跳跃。

（二）有信息技术的班级文化功能很大

1. 信息技术令班级文化的教育功能更突出

信息时代网络内容的良莠不齐对学生的成长起到了不可预测的影响——正

面负面皆有。巧妙地利用信息技术,学生知晓了信息的魅力,他们接收正面信息的概率也就自然大大增加了。班级文化作为一种特有的教育,能融入一切活动之中,它所形成的一种"社会—心理动力场",对学生心理素质的培养具有引导、平衡、充实和提高的作用。班级文化是以班风、学风、价值观念、人际关系和舆论等方式表现出来的观念文化和与之相应的行为文化及物质文化,对每个学生都起着潜移默化的教育作用。班级文化的这种教育功能虽是无形的,但又是无所不在的,就像"润物细无声"的春雨,滋润着学生的心田,陶冶着学生的情操,塑造着学生的自主灵魂。

2. 信息技术能令班级更有凝聚力

班级文化的凝聚功能主要表现在,班级文化能把班级成员的个人利益与班级的命运和前途紧紧地联系在一起,使个人与班级同甘共苦。班级文化是班级成员共同创造的群体文化,寄托着他们共同的理想和追求,体现着他们共同的心理意识、价值观念和文化习性。以 QQ 群、班级网站等出现为标志的集体观念的打造,自然能让这种向心力、凝聚力和群体意识加强,又会促使学生在日常学习和生活中时刻清醒地意识到"这是我的班级,我是这个班级的学生"。实践表明,在班集体中,班级文化信息建设水平愈高,这种向心力、凝聚力和群体意识愈容易得到体现。

3. 信息技术的"公示"能强化约束功能

"国有国法,家有家规。"班级信息文化建设所形成的公示功能、规范体系制约着学生的言行。这种规范一旦形成,就会成为一种强大的力量,使班级成员都能自觉地约束自己,让自己的行为符合班级规范。班级文化对成员的这种制约功能主要通过以下三条途径得以实现:氛围制约(环境、关系、风气等);制度制约(规章、纪律、守则等);观念制约(理念、道德、舆论等)。

4. 信息技术的"广告"功能更能激励学生

班级文化的激励功能主要表现为班级文化能为每个班级成员提供文化享受和文化创造的空间,提供文化活动的背景以及必要的活动设施、模式与规范,从而有效地激发和调动每个成员参与班级活动的积极性、主动性和创造性,使其以高昂的情绪和奋发进取的精神积极投入学习和生活中去。信息技术具有的"广而告之"功能自然更能让学生享受被认可的幸福和快乐。

（三）班级文化建设信息化的多样举措

班级文化的内容主要包括：物质层，如张贴名人名言、悬挂国旗及班训、出板报等教室内环境的布置；制度层，如一日常规、课堂常规以及各种奖惩制度等；精神层，如班级目标、班级道德、班级舆论、人际关系和班级风气等。信息技术建设为班级文化的打造和影响开拓了更广阔的空间。

1. QQ群、微信群——心灵沟通的家园

（1）心理交流的驿站

最早先是建班级QQ群、微信群。家长也加入进来，没有了面对面的尴尬，学生有很多的心里话都敢说了。在这个家园里，大家都能畅所欲言。当然，经常也有学生要和教师私聊，说说自己的烦恼、困惑、想法，有时也问一些学习上的事以及同学之间的事情。

（2）学习提高的捷径

家长们在群里提出关注节假日学生的动向。于是，教师从远程教育网上找很多图文并茂的练习题放在群里，而且将很多教师使用的课件也共享在了群里。当然还有一些趣味性的脑筋急转弯题目，以及一些日常学习材料、作文材料等。QQ群、微信群方便了学生，更便利了教师在节假日和学生的互动。

2. 班级网站——凝聚力提升的抓手

"江洲爱心在行动"是学校的网站名。学校将自己的班徽也放在了网站的醒目位置。除此之外，教师在学校网络空间里放了一些班级的照片，尤其是举行班级活动时的照片。学生们看了能够产生美好的回忆，家长们看了能更好地了解学生在校的生活——这很受学生和家长们的欢迎。学生的作品自然更是学校班级网站的有效素材，每名学生都有自己的作品在此发表，他们每个人在此都可以找到自己的成就。

3. 校讯通——家校联系的桥梁

开通校讯通，方便了学校与家长的联系。家长每天期待的都是老师发来的作业，以便于辅导孩子的功课。校讯通对家长和老师来说是互利的，因此，每天学校都准时发送作业信息。

除此之外，学校还利用校讯通对在校表现好的学生予以表扬。这种表扬形式也是家长们喜闻乐见的。也有的家长利用校讯通与老师沟通。校讯通弥补了没有加入QQ群、微信群的家长的缺憾。校讯通和QQ群、微信群几乎涵盖了所有的学生及家长,它们之间起到了互补的作用。

班级网站也是学校展示班级风采的一个窗口。班级网站中发布了一些名人成功的故事、学生的优秀作文,还可以发布一些班级活动的照片,千方百计地充实网站的内容。

4. 教师博客——学习和展示的平台

在互联网上,教师开通的教师博客,可以说是教师的"个人档案"。教师定期发布日志,大部分是原创,也有一些是自己认为很有用的资料。其中的学生作品是教师为之自豪的,也是师生最喜欢的。博客的另一个好处是教师可以学习他人的先进教育管理经验,更好地为自己的班级、自己的学校管理服务。

在班级管理中,各位班主任都在进行着班级文化建设工作,学校只要从培养全面发展的建设者和接班人这一总体目标出发,利用班级文化具有潜移默化性、自我教育性等特点,采取信息技术多媒体等诸多形式,把教育思想融汇于整个文化建设中,充分发挥班级文化的育人功能,相信班级会由此而更加生机勃勃,进而为社会培养更多的优秀学生,为社会做出自己更大的贡献。

自主思维在班级奖惩中——智慧和暖心的管理最可贵

今天放学前,学校总务主任来到了办公室。我以为是寻常的巡视,平常他一般都是和颜悦色的,没曾想他铁青着脸,满脸的严肃……

他问班主任钱老师:"你还记得昨晚门口不肯离开的两名学生吗?"

"当然记得。是他们……我们班的,怎么了?"

"今天调监控发现他俩拿了门卫桌上的眼镜。因为只有他们在。"

"没事,我马上来找他们。他们常常恶作剧……"

"人家家长已经反映到学校,眼镜价值500多元。可怜他家孩子,上了一天的课都没有眼镜戴呢。"

"放心,没事,这两家家庭条件都很好,会照价赔偿。"

下课铃一响,班主任就将两位男生找来。其实是很老实的两个学生。为什么说他们老实?五分钟不到,学生便交代了事情的经过,并回教室去拿眼镜了。

我没有继续待下去,也不想再待下去,我相信班主任和总务主任的处理能力。回来的路上,我一路在想:他们的行为算不算偷呢?算不算简单的恶作剧呢?是不是该给他们严肃的处理,以防止他们未来再犯——必须给他们一个深刻的教训呢?甚至要不要全校通报乃至处分呢?虽然昨天学校大会上,我还严厉地警醒大家:不要做"一失足成千古恨"的事情。

始终记得自己小时候的一件事,当时我非常喜欢吃菜粥。一放学,我就直奔奶奶大厨房,奔向灶台,因为中午吃的菜粥,照例,晚上也该有的。

"没有了,都被小叔叔吃完了……"奶奶笑眯眯地提醒我,"要不我现在给你做?"

"讨厌,讨厌,我不要……"任性的我甩门而去,顺手拎起弯刀,一路乱砍。

不知怎地,一不小心竟然砍断了小屋旁边的两根南瓜老藤。当然,我当时是一点没有在意的。

第二天放学,回家一看我惊呆了,满屋顶的南瓜藤通通蔫掉了,死掉了,没有一点生机。那么多南瓜,都没救了,通通蔫巴了……

我当时真是后悔极了,因为自己的一时任性,毁坏了多好的一屋顶南瓜。就是那么一时冲动,成了永远的遗憾。

所以,我是永远记得一失足成千古恨的道理的,也时常挂在嘴边,提醒自己,提醒他人。

这俩犯错的学生怎么办?到底是严肃处理,通报批评,乃至予以处分,记入档案材料,还是大事化小,小事化无,权当什么事情也没有发生?学校经过一番讨论,最终决定如下处理:

1. 严厉批评

因为是恶作剧,他们虽然不是为钱,不是为了这自己根本不好用的眼镜,但毕竟是价值500元的眼镜,毕竟是偷。所以,必须要严厉批评,严厉教育。严厉到他们掉眼泪,教育到他们永远记得这回的教训。记得一位大学的高材生,居然是一个小偷惯犯。可惜,可怜,可悲!问其由来,居然是从成功偷喝半瓶饮料而没有被抓住开始的。假设当时被抓住,被教育,他后来或许就再也不敢了,就知道犯错的代价。所以,必须给他们严厉的批评教育,让他们明白如此错误行为的性质,让他们永远记得犯错的后果。

2. 暂不处理

治病救人,重在挽救。学生处于青春期,只要不是触犯底线的刑事犯罪,只要是可以教育挽救的,皆可以网开一面,教育为主,防范为主。学校教育,主要是拉他们,而不是推他们。既不能放任自流,更不能严惩不贷,像对待敌人一样地去斗争,以免他们"破罐子破摔",那就失去了学校教育的意义了,失去了陪伴成长的意义了。处理不好甚至有可能导致他们人生走向错误的一面。有一些杰出人物,他们青少年时期不也是一路犯错吗?通过大家的一路帮助,一路教育,最后他们依旧出类拔萃,成为各自领域的人生赢家。

3. 严格保密

青春期的孩子易怒,悲喜无常,尤其是内心很复杂。遇事要科学处理,否则会给他们留下心理阴影,甚至伤害。因此,处理事情把握好分寸和火候,不要一有事情,就闹得沸沸扬扬,不利于学生健康成长。因此,因为校长的身份,虽然我知道事情的来龙去脉,虽然我就在他们身边,但我终于没有出手,更没有讲一句话,最后教师们和学生以及家长做了个君子约定:不去张扬,最后妥善作结。

事情已经过去一年多了,我再也没有听说过他们犯类似的错误,莫不是已经达到教育的效果了?看来也是。

如今想来,教师是人类灵魂的工程师,做教师确实不简单,更不容易,必须要用智慧才行。犯错的学生,尤其是顽劣的学生更需要老师们的平常心、爱心和耐心,更需要持之以恒的诲人不倦。万万不能因为一次、两次,乃至三次错误就把学生拉上黑名单,贴上"差生"的标签。人非圣贤,孰能无过?给犯错的孩子更多的温暖和教育,给他们更多的改正机会和可能,或许未来,他们会给你更多的成功和精彩。

自主思维在交流互动中——文化建设"三步走"策略

12月9日　　　　　　星期三　　　　　　天气:阴

文化走步

今天盱眙一批兄弟学校的教师来校指导交流,希望学校有管理情况的介绍。讲什么呢?没有高深的理论建构,只有具体工作的执行和实施。

讲什么内容?怎么讲?近七十位客人来访,确实需要认真细致,多动动脑筋。

想来,还是从文化入手,从教育部部长的文化管理观点入手。考虑出了"三步走":

其一,走"历史"。

忘记历史就意味着背叛。"鉴前世之兴衰,考当今之得失",从办学历史中寻找文化建设的支点和基点。八桥中学成立了"广善"文学社,因为最早的八桥中学是在广善堂中办学的,也是政府办的最早的学校;在扬中市联合中学,我在校友中发现了殷方龙将军,于是告诉大家,"山不在高,有仙则名;水不在深,有龙则灵"——提醒大家,将军是扬中市联合中学的校友,虽然学校是不大的学校,但学校全体师生完全应该自信阳光自豪。后来,学校做国防教育,向市领导汇报后,新学校拔地而起。学校也成了国防教育示范基地。江洲中学是城镇中学,曾经有扬中革命历史博物馆。于是,学校做红色教育,学校做"红心9·20"项目。

其二,走"制度"。

学校一直存在自主管理制度。教育是一种唤醒,唤醒大家自己是自己的主人,自己对自己的学业、生涯、未来负责。"皮之不存,毛将焉附?"让学生、教师、学校融合资源,融通发展。

捆绑式考核,形成团队考核机制,强化"团结就是力量"的理念。学校以班级为单位,以学科年级组、学校整体业绩为单位,把大家捆绑在一起,共同发力,共同面对,强化"一荣俱荣,一损俱损"的大局意识。

其三,走"人心"。

得人心者得天下。天时不如地利,地利不如人和。以人为本,方有未来。学校让学生走进"自主管理"的内核,让大家明白,校园是我家,美好靠大家:于是学校有了自己的校树,学校的图书馆收到了每名学生近20本图书;另外,学校将家长请了进来。学校成立了家委会,学校的家委会实实在在,工作卓有成效。因为有家委的参与,学校两千多人的"民主路"疏通了,难得堵塞;因为有家委的参与,学校的校园处处有自己的红色文化彰显。社会主义核心价值观的十二个关键词由十二个班级负责,每个班以这十二个词以主题,深入布置,让这里成为班级展示的舞台,学生展现风采的舞台,生命律动的舞台。因为不断补充,因为有留存的意义,所以大家都非常用心。

老师们动起来了,学生们动起来了,家长们动起来了,主人翁的意识得到了很好的明确和加强。"学校是我家,美好靠大家"已然深入人心。

向来自盱眙的同仁们细心介绍,陪同他们在校园里走走讲讲,感觉他们"心有戚戚焉"。与辛苦同行,与美好同行,与自主思维同行——一路幸福。

赋能文学创作篇

文学有时是现实的影子,有时是生活的虚构,有时是真实的艺术加工,有时是超现实的虚拟和构想……在"双减"背景下,文学恰恰是师生心灵的真实写照和美好表达,恰恰是情感归宿。不要有负担,完全让自主思维的小船在文学的花海里任意航行。这里有心灵鸡汤,这里有蔚蓝的王国,这里有充满童真的百草园,这里更有风光旖旎的富春江。

一、随笔页

面对"双减提质",敢于责任担当

"提升"什么?提升教育形象,提升教育质量。当大家都意识到"教育就是服务"时,当"满意"成为多元评价体系的要义之一时,"双减提质"自然成为我们教育人不可忽略的、必须面对的重要课题。无需条分缕析、过多思考,面对"双减提质",我们需要敢于担当起必要的教师责任。

(一)敢于担当教育责任

不要以为教育很宏大,很遥远,多高深,其实我们都是教育的领会者和实施者。进一步讲,或许在太多的家长、学生面前,我们教师就代表教育。所以,面对教育责任,我们是责无旁贷的。试想,当某个教育人违规乱为时,我们是什么心态?是幸灾乐祸,还是事不关己?是肆无忌惮地到处宣扬批判,还是任意地诋毁指陈教育的不可思议?我们都是教育的圈内人,我们都无法也不可能游离于它的影响之外,我们都应有为教育立形象、树威信的责任和义务,都应有同仁出现问题后的痛心疾首,都应以"胸怀教育心,永远教育人"来激励自己,不懈地为"教书育人"出谋划策、奋力前行。

(二) 敢于担当学科责任

学科是什么？一般是知识的载体，训练的载体，文化的载体，思想的载体……如此定位后，也许我们大多数人就会重新审视自己的教育行为，就会重新界定自己的教育意识，就不会为平时的细枝末节而放不下。我们牵挂的不再是自己讲了什么，以什么方式去讲，而是我们的学生到底学会了多少、掌握了多少——大家眼里更多的是学生，是学生成长了多少、提高了多少、幸福了多少。我们"醉心"的也不再是自己的"口若悬河"，不再是"题海战术"，而是"事半功倍"的智慧和实效。

建设中外品牌，打造"双语"特色，学校旗帜鲜明地提出来了，关系到我们学校的可持续性发展。其实道理大家都明白，关键是我们谋划了多少，尤其是双语教师作为了多少，特别是课堂上我们实践了多少，我们的课堂是魅力课堂吗？当我们的班主任，我们的其他学科教师面对现在的"双语"课堂深表困惑时，我们双语教师是不是应该好好地考虑考虑呢？是不是应该有敢为众人先的勇气呢？看看我们现在的、即将面对家长、社会的"双语"课堂，多好呀：①课堂气氛热烈，学生乐在其中。什么是"寓教于乐"，在外教的课堂上，你分明能感受到。②注重鼓励，激发热情。当我们辛苦举办了不少活动，但总看不到奖状时，当我们还在自以为需要小心翼翼地表扬，需要不断地去"纠错"时，当我们有的同志还在专注地"满堂灌"时，当我们还在为学生的不肯举手"抓耳挠腮"时，当我们还在以自己的所谓"质朴"自我感觉良好时，我们有没有设身处地地考虑过学生的感受呢？不妨看看，在外教的"GOOD"声不断中，学生的幸福表情是不是很好呢？至少我们也应该将严格要求、宽以待人、体验幸福有机地融合起来，让学生学得相对幸福些。③文化交流，润物无声。小组合作，我们已经在非议中、争论中摸索了好多年。结果呢？遗憾依然很多。再看外教课堂，她们的活动大多以小组展开，而且小组的建设远比我们张扬得多。小组不但有人员分工，还有名称，还有徽标，还有运动项目，还有主题音乐……看，这是怎样的小组呀！我估计，两位外教可能自己都不知道为什么这样上课，毕竟她们不是师范专业毕业的教师。或许她们仅仅是囫囵吞枣般地将自己小学、中学的学习样式搬来而已。但我们是要思考的，是要考虑外国教学模式的妙处的，因为这是我们的责任。再看我们如今的生活,很多事情是非要团队合作方能很好完成的。学生阶段的小组模式教学,难道不是最好的教学模式吗?看,外国教育的高明我们是非学不可的,还犹豫什么呢?

当然,现在的双语课堂还有不少的细节需要调整,比如,不少英语教师在随同上课时,还不能坐到教室的前面,还在让我们的学生一会儿朝前看外教,一会儿朝后看我们的英语教师;比如我们的学生还没有尽最大的可能用英语对话,用口语组织活动。另外,我们的双语兴趣小组还没有立足于学校特色来精心打造、高定位建设等等。

机不可失,时不再来。"双语"特色的打造当然是创新,是极少现成经验的,但更是机遇,是充满多种可能的机遇。只要我们敢于进取,醉心于"双语"特色打造,一切皆有可能。

(三) 敢于担当心灵责任

心灵?谁的心灵?什么是心灵责任?

经常看到、听到教师打电话给家长的情景,为作业不做、为上课不听讲、为学生拌嘴等等。我是绝不好意思打的。其一,学生课堂上不听老师讲课,我有何颜面跟家长说呢?教师的威严、威信何存?其二,别太多指望家长。学生处在青春期,估计能听家长话的不多。我们更多听到的是家长向班主任求援的声音,别指望家长能给你太多的帮助。不是有"5+2=0"的观点吗?虽然对此感到无奈,但是却反映了一定的中国教育现状。其三,家长的配合度不过如此。一般情况下,教师打电话给家长都是报忧,都是告知学生存在的问题。换位思考下,假设你是家长,你接到老师电话的第一感觉是什么?听到问题后的感受是什么?假使教师不太客气的话,那家长的情绪可想而知。再说,谁不希望孩子好呢?所以轻率地打电话给家长,简单地数落学生的不足都非教师的明智之举。或许这也就是经常有家长和老师产生矛盾的原因吧。至于目前环境下,社会对教师打电话给家长的误解就更不必说了,很多教师真就是在做吃力不讨好的事情。所以,我强烈建议,除非万不得已——必须要和家长沟通学生的严重问题——一般不要轻易惊动家长……

此处心灵责任已非狭义的关爱学生,还有对家长的,对同事的,对家长教师间的心灵和谐的责任。

(四) 敢于担当学校责任

都说在个人利益和集体利益的取舍上,高尚的想法都是个人利益要服从集体利益;都说"皮之不存,毛将焉附",教师要充分意识到学校是个人生活好、成长好、发展好的土壤和基石;都说每位教师要以主人翁的姿态应对学校的大小事务和具体要求。如今,学校提出了"和为贵、干为高、目标至上"的办学理念,我们该何去何从?

战场上,"一将功成万骨枯";商场上,没有永远的朋友,只有永远的利益。教育上呢?似乎既没有刻骨铭心的恨,也没有地老天荒的爱,是纯粹的"象牙塔"。既然如此,大家何不珍惜这份缘分,珍惜和和美美的安定团结,在多"与人为善"中同舟共济呢?缔造财富神话的乔布斯已走,享年不过56岁。于丹沉寂三年后,说是又复出了(我倒感觉她一直在公众视野"游走")。她说得不错:"翻过烦恼能达到更好的状态。"看他们这一去一来,其实于我们不过是插曲罢了。我私下觉得,谨记"吃亏是福"就够了,太多的事情也就能淡然处之,自然也就达到心境的"平和"。

"干为高"!脚踏实地、兢兢业业,依托"面朝黄土背朝天"般的愚公移山精神,在天道酬勤的支撑下打拼,让自己去获得天真烂漫、愉悦幸福的生活。实实在在地教书育人,珍惜我们学校的资源,无需"锄禾日当午"那样的艰辛,我们便能收获"灿烂阳光"。高姿态地去干事,有何不可?

三军可夺帅,匹夫不可夺志。人之所以区别于其他动物,最本质的在于人是有思想的,会思辨。目标自然是必须的,因为我们不仅仅靠吃饭活着。学校也是如此——现如今,我们有了自己的内涵发展和战略发展目标,有了自己的发展规划和清晰思路。承上启下也好,破旧立新也好,挑战常规也罢,仰望目标,我们定会让更强大的崛起不再是神话。

面对"双减提质",我们思考:提升的不仅仅是思想,不仅仅是心动,不仅仅是意识。面对"双减提质",我们敢于担当责任:用紧锣密鼓的行动,用行动中的细致落实。面对"双减提质",我们定会坚持,因为持之以恒必将成就江洲教育的美好明天。

小巷印象

从来对小巷没有直观的感受——只记得"打着油纸伞的姑娘,丁香花般的",在悠长悠长的雨巷,天上飞着丝雨,朦朦的,胧胧的……

步行在苏州的小巷,不知其出处,不明白其过往。小巷一直延伸,路过了范义庄的门口。

一口古井,老得边上已无字可寻。终于,井边木板上依稀记着几个字,但还是让人难以记得。只是觉得它还活着,因为周围的人还在汲水,还在用水浆洗着身边的生活用具,也许这就是一直以来的习惯使然。

我选择了行走,跟着导航,沿着小巷一路往前。

小巷竟然有许多的灰白窗阁;小巷的里面竟然立着小屋,横在头顶,似桥又似屋;从巷边的小屋一眼过去,竟然有三进四进房子,仿佛四合院一般……

转来转去,小巷边,竟然出现了"艺圃"——私家园林,这也是一种"遇见"吧。

苏州人,细腻、精致、灵巧,工于精打细算,有如苏州园林一般。处处风景:一堵白墙,几枝南竹,数根石竹,就成了"寿比南山";一扇小窗,竹影婆娑,依然白墙,又是美画巧作。"踏月寻诗临碧沼,披裘入画步琼山",讲的是响月廊,绘的是心境的淡然……苏州的灵气融入了设计的精巧、布局的别致! 400年的神韵随时随地呈现在你眼前,没有遮掩,只要你喜欢。

凌霄花和蔷薇花,我一直不识,苏州人会用它们点缀小巷,使满巷飘香……

苏州的静气、精气和灵气,是透在骨子里的。苏州人的眼神会让你明白他们的仔细和用心。不问为什么,只说是不是可以。

在小巷中行走,常有意外:一株香樟,长满了整个小巷,而且横跨小巷,当然不可能是地面,是上空。就像端庄文雅的书生,立在台上,静静地望着人来人往,一直是那样雅!

偶尔,巷子会给你惊喜,比如遇到有一百年历史的老店:无从问起店的历史,无从问起创造者是谁,只是墙角的斑驳光影诉说着自己永远的记忆和沧桑的过去。幸好,店里的食材新鲜,让人感觉爽口爽心。不知那老宅上立着的橘树,橘树上累累的大果,可还依然香甜?

苏州市景范中学的小院就处在小巷深处。能有的文化元素,她都有,所以无比自信和自豪。当然,何况还有千年的文脉、万世的范公精神沿承呢?

小院在小巷里,就是珍藏的美酒,日久弥香! 或许,"好酒不怕巷子深"的意境就是为她量身定制的吧……

"闲看秋水心无事,坐对长松气自豪",苏州人的心态在这"闲"和"豪"中,看似无欲无求,却又豪情万丈,志存高远!

"小桥流水人家"定然不是苏州人的生活状态,"松下论文诸贤乐耳,砚边挥笔数老陶然"讲的是率真自然无拘无束! 不然的话,哪里会有那么多出类拔萃的学子? 宁静和热闹之间,他们自然会智慧地取舍和把控。

小巷是镜子,是缩影,也是文化百态的折射。透过她的白墙、竹节、奇石、老屋,我们能窥见更多的人文故事。

慢慢来吧……

景
——走近景范中学

一个人,一座院,一群人。一草一木告诉我们文化故事,慢慢讲了千年不息,一一不朽。

院子里的石榴树,已经果实累累,已经让很多的景范人见识了她的美貌,品尝到了甘甜。这是一个灵性生命的动态演绎。

院子古色古香,有"木本",有"水源",有"文正书院",有"白墙黛瓦红窗",处处是风景,处处是画卷。

人文荟萃的景范中学是精致的,是丰富的。它的招生是自主选择而非行政安排;它的教师团队风貌如苏州的碧螺春,平淡内敛幽香。景范的气质是"自信、德馨、业精、担当"。他们的敬业精神是质朴的,是他们自己感到自豪的。

八年的分层教学实践进入了常态化,景范的走班制教学融入了生活,他的学子是勤学好问的,"家务记录册"是独特的。

景范中学,景仰范仲淹,名字真好! 几层意思,一目了然,言简意赅,又耐人寻味！景仰范公什么呢？

是"先天下之忧而忧,后天下之乐而乐"的博大胸怀？是"不以物喜,不以己悲"的达人境界？是"居庙堂之高,处江湖之远"的责任、情怀？……

三到景范,再读"景范","文正"的底蕴确实深邃而又易懂！既文又正,难道不就是为人立学做事的精彩提炼和浓缩吗？范公是真正意义上的"济世良相",康熙也被他感动而题字。于是,有了办学之源：范公精神。

景范的"义庄"文化,发人深省。难怪范公被誉为苏州公办学校第一人。

1049年,范仲淹捐祖宅,办"义庄",设"义学"。1346年,范氏后人办"文正书院",历时600多年,凡范氏子孙皆可入学。

"我"到"我们"的人文精神沿承千年,甚至于融入了景范分层走班、人本管理的教育细节中,不得不叹服文化的传承和活力。

景范学生"能达用",敢于创新！学校强调课程是育人之根本,学校之灵魂。

他们将国家课程校本化,涵养教师学科气质,培养学生核心素养；突出校本课程在于修养、思维、才艺、公德,全心全意为学生服务。

他们先后有"质量三宝、分层走班、翻转课堂、书院式教学实验"的教学方法,似一列动车,沿着教育教学规律的红线,不断向前。书院式的定位和提法,既平实又高远——存在的高远！也许这就是拥有千年历史的学校的特有魅力。教育的延续和提升,不仅仅要与时偕行,更要立足长远。

"圆心"在哪？是范公还是育人？是少年还是生活？是课程还是红线？

"慈善"成了景范德育工作的圆心。古琴、五子棋、练字、书法,多给学生参与的机会！"走的人多了也便有了路",学生兴趣在此得到激发。学生的喜欢和停留又成了"圆心"。

极课大数据的形成,是教学的参考和辅助。在线选课、精品云课、翻转课堂,让移动学习又成了"圆心"。

智慧校园建设让人舒服、方便,让更多的事情和功能人本化,便捷化。

让《岳阳楼记》更好地被诵读和传播,让景范中学被更多的人知晓。

"院子千年了,依然在修缮中,在传扬中……"沈宗健校长如是说。

一读·一业·一生
——说说为人师表的核心元素

燃情岁月,点盏心灯。一个人,一辈子,能专心出色地做好一件事就已经很不错了,能享受其间更需要一定的境界。轻轻松松地以书为伴,兢兢业业地教书育人,快快乐乐地饱含情怀,人生定然舒适温暖很多。

思维活跃、言辞犀利、作风硬朗、语出惊人的杂文作家王栋生老师,虽已退休,但思考不断,如珠妙语更是耐人寻味。最近喜欢起他说的"静养式阅读"。尤其喜欢"静养式"的提法。我谐音出了"敬仰式"阅读,而且自己很感动于敬仰式的提法,感觉那是一种对读书顶礼膜拜式的虔诚,是一种沉醉式的坚守……

如今,少数人开始质疑教师职业,开始怀疑教育行业,甚至杂论教师的核心素养。其实优秀教师的核心素养无非是科学的教育价值观、优良的个人素质、厚实的专业素养、过硬的课堂教学基本功。分析下来,不难发现,凡事皆怀敬畏之心,用敬仰式的心态去为人处事说理,诸事就会化繁为简,顺畅通明。

敬仰什么?敬仰读书。身为一名普通的语文人,经常想些琐碎的问题。比如,为什么我们的学生不太喜欢阅读?或者,通过什么途径才能让他们喜欢阅读?或者,我们教师该如何调整自己的做派才能率先垂范?

学校里一般都开设了语文阅读课,该课是绝不该挪作他用的。应该让学生读书,而且一定要到阅览室读书。想想周围都是书是什么感觉。不妨让学生们也能被这种氛围感染,甚至多年后,他们为记得学校阅览室是什么模样而感动。

有人说,学习语文是非要安静不可的。确实,阅读课,学生是必须安安静静地读书的。唯有静得下来,心方能沉得下去——腹有诗书气自华。有时想,为什么有的人给人浅陋无知之感?即使他是高材生。后来想想,也许是读书太少了,缺少书香的浸染和熏陶。有人喜欢阅读前让孩子们先去图书馆借一本书,而后布置"一周一书"的读书卡片作业。我说此举很值得推广,他们对阅读教学的持之以恒或许就是敬仰式阅读的质朴体现之一吧。

古语说,半部《论语》治天下。于教师而言,阅读能令人受益良多:从经典中读出心性,读出价值观;从阅读中悟出教育的科学,悟出做人的品性;书本能丰富人的素养,提高人的技能。记得数位国学大师都推崇曾国藩,青年毛泽东曾说"吾于近人,独服曾文正"。记得黄琳的作品《品读曾国藩》——透析了他做人、做事、做官的艺术。记得曾国藩的"慎独",所谓慎独,即在一人独处时,也要心怀敬畏,不要违背做人的原则,不冲破做人的底线。曾国藩一生于"克己之学"从不懈怠,坚守一生。其"修身十二法"对今人来说,依然有所启迪。他的主敬,整齐严肃,无时不惧;他的读书不二;他的读史、谨言;他的静坐、养气、保身。如今读来,依然受用极大。

敬仰读书——爱读书、读好书、好读书,为什么不呢?

敬仰什么?敬仰生命。"少年读书,如隙中窥月;中年读书,如庭中望月;老年读书,如台上玩月。皆以阅历之浅深,为所得之浅深耳。"张潮阐述了生命个体在不同阶段的读书体验和体悟差异。不同年龄阶段有不同的体会。逆向看,对待青春期的生命个体,也应因人因时因境而异,不可"一刀切"。如此,始得尊重敬仰。

有一位调皮的学生现在是我们班级的劳动委员。大家教他怎么做班干部,教他怎么检查卫生,教他如何背书,教他如何和老师处好关系,教他如何尊敬爷爷奶奶,教他如何和漠视他的同学相处,教他如何和闹矛盾的同学拥抱,教他如何心胸开阔,教他……虽然他现在依旧是问题多多,但对生命个体的敬仰是必须的。对于犯错误的孩子,我们必须拉一把。如果推出去,或许就是永远的句号了。

生命面前,只可敬仰,因为"爱人者,人恒爱之;敬人者,人恒敬之"。

敬仰什么?敬仰自己。身为一名普通的教师,一般我是不敢说"人民教师"的,因为那样会令自己背负"为人民服务"的重大责任。一般我会时常提醒自己,既不要自高自大,也不要妄自菲薄。不要把自己不当回事,也不要太当回事。如不当回事,就不知道自己肩负的责任了,就不知道如何更好地去做好自己的育人工作,做好自己的学校工作。如果将自己太当回事,或许就不知道"与人为善",就不知道团队合作的必要,就不知道"皮之不存,毛将焉附",就不知道个人和集体的关系了,就不知道在"荣誉和利益"面前应淡定了。

敬仰读书吧,它让你找到另外一个家;敬仰生命吧,这是一种心态,是一种觉悟,更是一种智慧;敬仰自己吧,满怀自信,直面核心素养,笑对工作百味。心怀敬仰,教学的、德育的、生活的艺术魅力自然能得到很好地彰显。"道德高地和学术高地"是不是大家都应该积极面对的呢?

一生读书,一辈子快乐,就会满世界阳光明媚!

二、日记页

10月31日　　　　星期五　　　　天气:晴

礼赞"红心9·20"

今天我们在一起,隆重举行"红心9·20"表彰活动,用我们的"仪式感"来彰显我们江洲中学的办学魅力,让我们自己的教育学习生活丰富多彩起来,让我们的课程更具内涵。

为什么我们要专注"红心"? 为什么我们要用"9·20"?

"9·20"是就爱你的意思。当下,我们要学会爱自己的祖国,因为有中国共产党领导下的中华人民共和国的存在,我们才得以静静地在校园读书。在面对新冠疫情的时候,当其他所谓发达国家天天受到病毒困扰和威胁的时候,我们安然无恙,我们自然从容。我们要学会爱自己的学校,因为校园是我家,美好靠大家。有了美好、现代化的江洲中学,我们才能茁壮成长,我们才能安享校园带给我们的温暖和甜蜜。我们要学会爱家长,因为有他们,所以我们才能健康成长。唯有他们的陪伴,我们才能实现自己人生的远大志向。我们要关爱彼此,因为唯有相互理解,彼此关爱,我们才能算是珍惜了彼此的缘分。也唯有彼此关爱,也才能算是明白了什么才是真正的"团结就是力量"! 我们还要爱学习、爱劳动、爱锻炼,始终记得"好好学习,天天向上"的真理!

为什么是"红心"？狭义的解释是红色的向党之心。众所周知，没有共产党，就没有新中国。没有烈士们抛头颅洒热血，就没有我们现在的国泰民安，就没有大家的安居乐业。"忘记历史，就意味着背叛"，况且我们江洲中学这块土地是有着"红色基因和革命历史"的，我们可以，也必须用心去进行我们的"红色传承"。看红色电影，阅读红色书籍，制作红色小报，吟诵红色经典……红色的革命种子在我们心中生根发芽，开花结果。相信自己的责任和担当，未来的我们必然能成为国家的栋梁。

"红心9·20"的更广义的价值还在于"五心好少年"的体系建构。在此我要祝贺受到表彰的同学们。因为你们的优秀和进步，我们江洲中学充满了正能量。比如我们的图书馆，这次每人捐书20册左右，大家献出的不仅仅是书籍，还有爱心，还有责任心，还有对未来每位读到这本书的同学的深情。你们的书不仅仅留在了图书馆，更留在了江洲中学的历史里，也在这里留下了你们永远的记忆和美好的回忆。

受表彰的同学们无疑是大家学习的榜样。希望你们做好表率，未来能"百尺竿头更进一步"。另外，静心、爱心、孝心、恒心和专心也是对红心的最好诠释。这就是一面面镜子，我们要用这"五心之镜"时常整理自己的衣冠，洗涤自己的心灵，寻找自己的远方……

为什么呢？

因为我发现，有的同学还不知道江洲中学的学生是一定要"知书达礼"的：对老师——恭恭敬敬，寻常状态——规规矩矩，做人做事——老老实实，学习时候——踏踏实实。最近竟然有个别同学顶撞老师，或者自私地无视老师的存在。在这，我再次重申校规校纪，每个人都要牢记道德规范，努力践行社会主义核心价值观和"八礼四仪"。

听明白的请举手。这里的每名学生，当然是指在场的所有学生，进入江洲中学，就必须记得你是中学生，哪些事可以做，哪些事不可以做；哪些衣服可以穿，哪些衣服不可以穿；哪些发型可以留，哪些发型不可以留。一旦违规，轻则点名批评，重则处分开除。希望大家切记：国有国法，校有校规，要有绝对的法规意识。如果犯了大错，世上永远没有后悔药吃，会"一失足成千古恨"！

各位家长、老师们、同学们，金色十月，十月金色，我们满怀喜悦，一

起憧憬美好!最后我用一首自己的诗和大家共勉:

礼赞"红心9·20"

江洲清风融桂香,中学诗意读书忙。莘莘学子晓哲理,彤彤红心明思长。红枫通融立德义,香樟畅想树人行。待到七月烂漫时,举校同庆盛世彰。

11月2日　　　　　星期一　　　　　　　天气:晴

说说论坛

通过"四有好教师"论坛,我感觉到大家都在用心思考自己或者别人的所思、所想、所做,甚至思考出些新意和故事。现在想想,大家还是很重视论坛的,虽然仅仅是本校论坛。

不知为什么,总是觉得老师们似乎有不少的话要讲,要分享,于是筹划这次论坛,让大家畅所欲言,一吐为快。

今天,一位资深物理老师分享的是"学习强国"的感受和体会,甚至是考试得高分技巧。印象中,他的学习一直很认真。

我感兴趣的是他的与时俱进,接受新事物的激情和速度。也许是理科教师的缘故,直率的他一直是给人如此的感觉。

我今天对他赞许不少,甚至提醒大家"家事国事天下事,事事关心",提醒大家向他学习,摆脱旧知识的窠臼和约束,给学生更广阔的视野,更高远的思路和目标。或许,在不以分数为唯一评判标准的环境中,我们该更关注学生学习出彩的诸多可能。也许该换种思路了。其他方面的成功,对学生的学习,又会起到怎样的推动作用呢?

另一位分享的教师是一位体育骨干教师,还是学校的总务主任。没想到,他交流的内容和他职责内的工作没有什么关系。

他播放的是机器人种植庄稼的视频,提出的是未来人类怎样存在的问题,质疑的是当下的教育和对科学教育的思考。在我看来,他依旧是在呼唤大家改变,提醒大家好好学习。他的声音铿锵有力,语气中肯,耐人寻味。

我忍不住谈论起如何走进孩子们的内心世界,如何实现最好的教育陪伴和科技共进的问题。忍不住说起当年联合中学的无人机、航模、3D

打印机来。三天的省级会议,放在了扬中,放在我们联合中学。我们不辱使命,任务完成得相当成功。

我们理解和享受科技的魅力,有很大收获。而且,最终,我们创成了国家级国防教育示范基地。

教师论坛,好处多多:

其一,文化分享。让大家的思考和智慧在这里得以展现。这里是教师们展示自我的舞台。当然也是学校自主文化提升的舞台。

其二,思想碰撞。不要以为老师们没有"高大上"的思想。其实,我们的思考或许更接地气,策略更为可行。于是,这里成了"烹饪思想食材的美好灶台"。

其三,办学共识。因为大家都是文人,所以不免各有所爱所思。而学校要有序发展,又必须要"一个声音喊到底",当然,是在大家理解支持的基础上。因为论坛营造的创新氛围,学校考核机制的又一举措——"钉钉"系统,顺利通过。大家不用天天去机械刷脸了,而且便于统计和提醒。

埋头做事,抬头看天,我们智慧地同行,自主地同行。其实,江洲中学的论坛故事才刚刚开始,我们对未来充满期待,因为我们彼此相信,共创未来。

11月5日　　　　　　星期四　　　　　　天气:晴

公 开 课

办公室女同事今天上午上的英语课,是全市的公开课,是毕业班的研讨课,真心不简单。所以,我们中午请她吃了她喜欢的"猫咪爱上鱼"店里的酸菜鱼。现在想想,她上的英语课真不容易。

时间紧:前天(周二)才告诉她,这堂课由校级公开课变成市级公开课,于是她开始紧张忙碌起来。特别是最近她感冒,状态可想而知了。一直忙碌,一直咳嗽。幸好,今天没有出现症状,据说上完课她就去紧急挂水了。

任务重:昨天为课件忙了一节课,因为版本的问题,班上的电脑总是打不开视频,于是不断折腾,最后终于才好。其他的事还有不少……

帮忙的还有班主任,帮着安排几十张凳子,帮忙协调教室的学生座位,力求让成绩好一点的学生坐在听课老师的旁边,以期对得住观众,虽然这仅仅是节公开课,而不是竞赛课。至于教室卫生,文明礼仪,就更不用说了。

　　走廊上,我提醒保洁师傅擦拭一路的窗台和窗玻璃,提醒在卫生间里放好手纸,提醒会议室的布置……

　　看她们忙碌的身影,我不禁想起这么多年来自己在省市里的一些公开课的插曲……

　　2003年新带班的第一节语文课,电教中心来检查,大家走进了我的课堂。当时使用软磁盘,刚想打开,忽然发现软磁盘坏了,幸亏有段录像视频。也就是因为那节语文课,他们认识了我,后来推荐我直接去镇江赛课。

　　2004年我在镇江四中上课,电脑忽然黑屏,我差点急出冷汗来,而且还是现场直播课。幸亏电脑教师迅速解围。我最终获得第二名。没想到,第一名因为怀孕,无法到南京参赛,于是幸运之神落到了我的头上。

　　2005年我去南京雨花台中学赛课。熟悉学生时,竟然发现班长、语文课代表等半数优秀学生都回家了,因为是周六。不过,幸运的是拿到了江苏省的第一名。总结大会上,北京的专家对我的《汉字的魅力》一课大加赞赏。

　　2006年,我在常熟参加全国说课比赛,《走近曹操》一课让评委刮目相看。评委们怀疑我是不是真上过,或许是我表现太好了,讲课太流畅了。说实话,这节探究课是在镇江市现场直播过的。遗憾的是,当北京的专家要我们信息老师调出网站直播信息时,学校竟然停电,网站打不开。最终,我获得全国二等奖。他们说,已经是很好的成绩了,毕竟还有那么多三等奖。可对于我而言,是永远的遗憾。

　　后来,上的课太多了。有成功的,也有失败的。遇到自己的设计和思考入不了评委法眼的,也会名落孙山,非常悲伤和失落。2019年,《植树的牧羊人》课程的设计,让我拿了两个省里一等奖,思考提升的论文还在核心刊物发表。于是感慨,幸福总是留给那些有准备的人。

　　《柳叶儿》《陈毅市长》《蔚蓝的王国》《济南的冬天》课程都获得了省

级一等奖。《茅屋为秋风所破歌》《背叛炊烟》《阿里山纪行》《周总理，你在哪里》课程获得镇江市二等奖……多少慨叹、多少沧桑和过往历历在目，无限感慨难以言表。

面对课堂教学的成功、失败，因为经历多了，于是不断提醒自己：谋事在人，成事在天。仅此而已……

所以，每次，我都积极为上公开课的教师喝彩，为他们鼓劲，因为我知道，公开课确实不容易：要备文本，备学生，备教案，备互动，备心理，备自己——劳心、劳力、劳神。

在我看来，一节成功的公开课就是一个光鲜亮丽的"舞台"，它能让太多的主角出彩：

1. 文本出彩。在这节课上，师生会精心研读课本文章，与主题对话，与结构框架对话，与遣词造句对话，与修辞手法对话，与表现手法对话……文章最精彩的地方肯定都会被大家剖析得入木三分。就此，文本的精彩也便水到渠成地展示在了大家面前。

2. 教师出彩。这节课的总导演自然是科任老师。教师是主导，其重要性可想而知。在这里，教师会像写一篇文章一样对整节课进行谋篇布局。从主题思想的确定，到线索思路的安排，到行文表达的实现，无不折射出教师的教学智慧。

3. 学生出彩。学生是课堂的主角，是学习的主体。学生的表现，不单单影响课堂氛围，更能反映课堂教学效果。许多时候，许多情境下，学生淋漓尽致的发挥能给课堂增色。在这里，课堂是学生展示才华、活跃思维的舞台。点拨好他们，课堂自然会活力四射，魅力无穷。

课堂是舞台，自主思维可以在这里碰撞，个性思想可以在这里对话，教学魅力可以在这里出彩！

11月10日　　　　　　　星期二　　　　　　　天气：晴

阅读课程

今天听讲座，分析中美国家战略问题，演讲者将科学竞争的激烈程度分析得相当透彻。听着听着，我不觉想起中外学生的阅读对比数据来，于是给办公室提出建议：

提醒大家:以后"四有好教师"论坛,要着眼于谈关于阅读的思考和做法,或激发学生阅读兴趣,或培养学生良好的学科阅读习惯,或提高学生学科阅读能力和应试技巧。

为什么期待老师们能积极行动起来,说说阅读、谈谈做法呢?

(一) 遗憾

学校虽然有图书馆,班级虽然有图书角,校园角落虽然有阅读空间,但学生主动去读书的不多。学生写作文时,主动以阅读为素材的不多;能写出富有文学味的作品的学生不多;津津有味谈文学作品的同学不多……

(二) 问题

阅读的问题到底有多少? 我没办法全部列举,因为确实存在不少。比如,只知道"碎片化"的阅读,不知道整本书阅读的妙处;比如,只知道阅读文科的资料;比如,只知道课本类资料的阅读,不知道课外拓展;比如,没有专门的时间、地点和精力来做细致的阅读。

(三) 习惯

为什么先说习惯? 因为好习惯成就好未来。

1. 学生不知道带笔读书。不少学生看完文章之后,文章上一片空白,没有笔记,没有思考,更别说批注了。不妨引导和要求学生去划划想想写写。

2. 乱涂乱画的不少。很多学生不知道什么是重点,什么是次重点,什么是关键信息。到处乱涂,没有思考。比如,记叙文中表现时间、地点的词语或句子是要画的,这样就有了对文章思路的初步把握。比如议论文的中心论点和分论点是要画的,或者能概括论点的句子或词语是要画的。如此,才能用最短的时间把握文章的结构框架。

3. 朗读声音越来越小,从小学到中学。虽然知道"读书百遍,其义自见""熟读唐诗三百首,不会作诗也会吟",但知道自主朗读吟诵的学生不多。不妨利用各门学科的课堂教学时间,凡是看书思考的内容,都让学生读起来,而且读出声音来。如此的话,大家齐心协力,共同培养,学生的状态和习惯当然会改变。假以时日,不断强化,自然能实现由"当然"向"定然"的过度。

4. 阅读时间何处得是大家纠结的问题。

课堂:每节课落实具体的朗读时间,是可行的。哪怕是理科的审题亦可以变成读题。课堂氛围改善了,学生就能扣住题目中的关键信息点,答题的正确率自然也就提高了。

课程:每班都有明确的阅读课程,固定时间、地点、内容、教师、目标、教材、考核办法。比如走进图书馆,比如中午"爽心美读"等等。而后加强对过程的监管以及课程的考核机制。如此的话,课程的质量和效果自然也会明显提升。

碎片:不要小看碎片化的阅读,不少时候,碎片化阅读的效果反而会出乎意外的好,尤其是习惯养成和氛围营造后,阅读效果一定会更好。

从身边事做起,从每个人做起,大家齐心协力,阅读习惯的培养、阅读能力的提升、阅读素养的提高不是问题。

11月23日　　　　　星期一　　　　　天气:阴有小雨

黄手帕在行动

今天值日,陪餐,看到学生们劳动的情景,很是感动……

说是劳动,其实不是打扫卫生,更不是下地干活,而是帮厨。怎样帮呢?不是帮助做菜,而是帮助在上课的同学提前将饭菜准备好,主要是将装好饭菜的饭盒分别发到大家的桌上。定时、定点、定量,而且要确保万无一失,确保饭菜不冷。所以同学们必须要步调一致,而且要干净利索。这样才能保证我们第四节课的同学及时吃上饭,而且不会拥堵,不会等待,节约了大家的时间。

我看到几名男生,捋起袖子,虽然是冬天,没有一个人怕冷。而且,时间一到,大家立刻分散到学校食堂的各个地方,极快地干起来。女生们更是心细,边端饭盒,边核实数量,边查对桌上的标码数字以确保精准。大家忙忙碌碌,开开心心。这场景,真是让人高兴。

我们学校一直在进行"黄手帕在行动"项目。在这里,"黄手帕"既是实实在在的黄手帕,劳动工具,每人一块;也是认真细致、一丝不苟的标志;更是培养大家良好习惯的课程。在我们的眼中,学生们就是一块块幸福的"黄手帕"。大家都是学校一道道靓丽的风景。

我们的意图:让劳动教育在"五育"中占有举足轻重的位置。

3分钟,近800份饭盒分发到位。而后就是"光盘行动"的细致检查……

3个通道,依然是他们,在各自负责的泔水桶边,认真地检查每名学生的饭盒,确保"光盘行动"落到实处,确保节约粮食的意识融入身边的每一寸地方。自打实施"光盘行动"以来,我们的粮食节约了2/3,泔水桶明显没有了往昔的"爆桶"现象。

当然,有检查就有记录,有记录就有扣分,有扣分就有通报。我们让常规管理实实在在地运行在学校的各个层面,我们让常规管理的每个细节都落到了教育教学工作的点点滴滴中。

常规管理要常态,我们一直在努力,一直在收获。

12月4日　　　　　　　星期五　　　　　　　天气:晴

他

今天中午,他竟然在图书角写作业,而且非常认真。

"××,在写什么?"

"统计各班'光盘行动'的人数……"

我无暇与他多聊,因为事情特别多,也不想打扰他。学校食堂的"光盘行动",他已经积极投入,认真负责起来了。

看到他的认真我暗自欣喜,不禁想起一年前初一报名时的情景来……

"不得了,学校来了一名怪异的学生……"

刚刚走进学校大厅,就听到同事们抱怨开来。

"从来没有遇到这样的学生,你看,学业调研第一天,他就坚决不参加调研,而且趴伏在桌上一言不发,抑郁得很,态度很蛮横……"

我低头一看,简直不忍直视:

一个胖小伙,双手抱头,看不到脸,一言不发,蜷缩在柱子角落——这孩子,初中三年怎么过呢?头疼!

后来,分管校长喊来了他的家长,情形更为可怕:

一方面,他父母离异,母亲远走他乡,父亲一人带他,他基本处于放养状态。另一方面,可以一眼看出他父亲的双手、手臂上都有纹身,估计身上也有,看情况他不是一般人。还有他对学校的关心极其不配合。可能是小学已经经历了太多的"暴风骤雨",所以他极不耐烦。当校长提醒他,如果任其发展,可能连读完初中都成问题,更不用说毕业时,他稍许有一点点触动……但可以预料到,这样的家长已经对孩子的成长与发展"无能为力"了,否则他不会这样的。

如今,他蜕变得那样自信、听话、阳光、快乐……

自信:他的自信源于老师们对他的信任,因为做了自主管理委员会的劳动委员,做了班级的班干部,所以有了自己的声音,甚至还带领别人去为大家服务。

听话:因为有了自己的师傅——学校的总务主任,所以他变得情商相当高,变得特别懂事,特别听话。

阳光:他总是抬着头,积极地为大家做事。老师们的很多事情也乐于请他去完成,还不断奖励他。现在考试他也是积极参加,努力上进。

快乐:一开始愁眉苦脸,现在笑口常开。因为老师们对他另做了要求,不是整天地用学习,尤其是作业来严格要求他。老师们因材施教,所以他快乐起来,积极起来了。

看到他的变化,我真是无法形容自己的快乐。当然,我一直也在思考,到底是什么原因促使他的进步:是因材施教?是劳动实践?是教师的无比信任?是不给学业压力?还是学校自主发展的文化氛围?……

有教无类也好,因材施教也好,学生的成长和培养,确实需要我们换种眼光,改变策略才行,不可用一把尺子量到底。试问,人人生来都是学习上的优等生吗?

12月20日　　　　　星期日　　　　　天气:晴

会了吗

冬天来了,飘飘洒洒,一地黄叶,一地纤尘,一地萧瑟……

学业调研又结束了,结果平平,不是在乎分数多少,而是思考学生们的状态:到底是能力问题,还是态度问题?是方法问题,还是时间问题?

办公室里,大家聊得热火朝天:

物理教师说,我都讲第五遍了,为什么这种类型的题目还有大半的学生不会?什么原因?

化学教师说,这种类型的题目,连这几个人都是对的,可惜他们几个竟然错了,真是不可思议。

数学教师说,其实试卷并不难,就是有点小障碍,为什么这么多同学乱了方寸?

英语教师说,隔壁班的孩子多聪明呀,公开课时,个个积极举手发言,哪像我们班级死气沉沉的。

体育教师说,班级里有几位学生的体育成绩堪忧啊!

确实,最近的班级状态很不好,不仅仅是成绩,连感冒的人也特别多,真让人费解。他们已经很努力了,为什么结果如此这般?

我一直在思考,这是为什么呢?

我想起了"饿了吗"的询问式广告语,豁然开朗,于是,我要追问自己以及各位教师——学生"会了吗"?

我们不少教师,一遍二遍三遍,讲得不少,可惜学生不为所动,依然不会,考起试来,自然"我行我素",依然不会。

所以,我们不妨常常问自己:我眼中有学生吗?

当铺天盖地的作业发下去时,学生在疲于应付,效率极差,哪里有什么高效可言?题海战术,刷题战术,不知害了多少学生,浪费了多少学生的宝贵时光,甚至牺牲了他们的健康,不然,为什么有那么多的学生感冒呢?

我们必须调整自己的教学状态了,我们的眼里一定要有学生,要不断追问自己,我们的学生会了吗?他们真的会了吗?一定要分层对待。

讲五遍的背后是学生做了五遍,课堂上花了五次时间,反过来,我们为什么不讲一遍,讲透彻了。而后再深入学生中,看看他们到底掌握了没有,不断地巩固、检查,实实在在地落实到"会"的层面。

泰兴市洋思中学的主导思想是,将最后一名学生弄会了,整体就教会了,班级就没有问题了。

当我们语文讲义一张张发下去的时候,镇江市润州中学的经验是就弄一张语文讲义,而后再举一反三,触类旁通,最后得到的就是成绩的提高。高效课堂在这里,不是广告,不是标语,而是事实。

走进班级,走进学生的内心深处,精选精讲精练,眼里有学生,不断追问"会了吗",不断加强教导,我们的"春天"将不远,我们的课堂"翻转"故事也不会是仅仅停留在课题和论文上。

冬天来了,春天还会远吗?我们一直在努力,一直在思考,一直在思维突破。

12月28日　　　　　　星期一　　　　　　天气:晴

陪伴生命成长

他们是精灵,如柳絮飞舞,灵动飘逸,不过喜欢的人不是全部,但这似乎并不影响他们在这样的季节飞舞。学生个性发展也是如此。

指导学生的成长,我其实一直更喜欢用"陪伴"一词。对他们的培养,我不敢用"等待"这个词,因为怕给自己太大的压力,进而怕传递给学生太大的压力,毕竟生命的成长是值得敬畏的。虽然他们是我的学生,虽然他们是我的晚辈,但我始终不敢强加自己的梦想在他们的身上。于是一直喜欢"陪伴"他们,希望他们快快乐乐、健健康康地幸福成长。至于"等待",等待小小的目标也是有的。所谓"人无远虑,必有近忧",人生理想是前进的动力,于是他们都有了自己喜欢的"座右铭"。

有作家喜欢用"绽放"一词,一直到现在,我都没弄明白学生的"绽放"该如何诠释,毕竟是关键词,于是自己小心翼翼得面对。于花而言,绽放固然惊艳动人,但想起凋零也为期不远了,于是又有点莫名的哀伤。于人呢?于中学生呢?或许不妨理解为一时的成功,抑或是小小的惊喜。于是后面可以不断"绽放",不断快乐。如此想来,此处的"绽放"或许更具活力和生命力了。

就此,我们的教育目标是万万不能仅仅锁定在分数和成绩上的,否则就有急功近利之嫌疑了。我们不妨给学生更多的舞台和机会,让他们不断"绽放",不断收获成功的喜悦,从一个成功走向另一个成功。

三、诗歌页

印象青春
——献给参加青春仪式的你们

走在离开青春的路上
回想逝去的纷繁滋味
追问
青春究竟是什么？
该如何形容她的美妙

青春是两个字？
凝练得高深莫测
得亲自勾勒揣摩他的笔画和偏旁
思谋运笔的起落和过往
或许
在跳动的波澜里依旧不大明白
怎么会如此这样

青春是一个词？
字与字的组合搭配告诉你团队的意义
深厚的意蕴必须靠集体的力量
方能实现
或许即便到最后
你的伙伴终该如何取舍
依旧是个难题

青春是一句话？
主谓宾的融合中
告诉你表达的不易

优秀的文笔
需要细细地观察和默默地锤炼
个中的内涵
着实耐人寻味
需要你用心地揣摩方行

青春是一个语段？
一层意思一层意思地叠加
厚实到无可比拟的情形
在精美修辞的点缀里
魅力四射
无与伦比
在绚丽和浪漫里彷徨
你要谨慎和听语

青春啊
是一篇美文
大家终于明白完整的必须
跌宕起伏的故事里
轻松愉悦的情感里
悄悄发展
悄悄结尾
多年以后
再来对话其中的人物和插曲
或许永远铭记的是
激动和乐曲
还有那饱含深情的
我们已经永远回不去

（2020年6月1日夜）

融爱红星

我们是江中闪闪的红星,因为我们热爱魅力江中

因为

这里有

悠久的办学历史

遥想当年:扬中市县中　扬中市城镇中学　扬中市第一中学

扬中市革命历史纪念馆

他们都曾在这里留下美好的身影

注目当下:美丽的海棠香樟　匠心独运的桃李融园　震撼的红色文化

这里有

优秀的读书好少年:出过将军出过院士

杰出的四有好教师:国家江苏拿过第一

融洽的家校好氛围:美好靠大家,校园是我家

这里有

活跃的思维:我们的朗诵、无人机社团省市载誉而归

悦动的青春:我们的排球篮球足球曲棍球不断出彩

激情的绽放:我们的香樟文学社作品多多,我们的梦想社团数年暖心敬老院

融通的世界:我们的融通课堂正在绽放着智慧光彩

我们是江洲闪闪的红星,因为我们热爱璀璨扬中

因为

这里有

长江大桥:雄伟巍峨

河豚美食:鲜香悠远

稻谷桂香:名闻遐迩

芦柳竹鱼:名扬四海

这里有

自强不息　厚德载物　四千四万　百强美名

这里有

太平洲头平安百年久且远,扬子江畔明珠千载美又坚!

我们是中国闪闪的红星,因为我们热爱伟大祖国

因为

这里有

黄河长江　故宫长城　五岳珠穆朗玛

这里有

秦皇汉武　唐宗宋祖　毛主席邓主席习主席

这里有

伟大的共产党　伟大的中华民族　伟大的民族精神

印象清华

自由氛围润心乡,

强大人文满都城。

不偏不倚似听乐,

息事息情皆世伦。

厚积薄发多读书,

德才兼备立乾坤。

载水载木唯清华,

物是物非百年声。

（草书于教育系统干部创新能力提升班清华学习间）

赋能作文升格篇

既然必须直面应试而回避不了,既然分数能反映学生的能力和水平,我们就不妨智慧应对。但是还是要非讲策略不可的,而且一定要分出高下优劣来。就此,不妨先分析一下,谁才是教学的主体呢?谁又是教学的主导呢?曾经,包括当下,虽然"双减"了,但还有不少人没能弄清楚,更是讲不明白。就如同少数教育人不懂得"不愤不启,不悱不发"的真谛一样。如果让自主思维占据关键位置,而后再谈如何得分,如何得高分或许就显得简单些了,就显得分数更有意义和价值了。

一、技巧页

坚持日记,提高作文能力

十多年语文教师做下来,我发现太多的学生怕作文,太多的学生喜欢编作文,太多的学生不知如何构思作文……中考也好,高考也罢,过多的学生作文题材雷同,令阅卷老师深感困惑:我们的学生到底怎么了?难道他们生活在真空?难道他们不会观察和思考?笔者认为,他们并非智商低下,而是缺少平时的积累——生活的、感悟的、题材的、能力的……以致在考试中缺少"灵感",不能信手拈来。多年来,我校语文组,坚持日记教学,做了提高学生作文能力的诸多尝试。在此交流,权作"引玉之砖"吧。

(一)倡导写真事说真话抒真情

生活是文学创作的重要源泉之一。而一篇作品要想感动读者,首先得要感动自己。追根溯源,作品的素材要到生活中去找,再通过力透纸背的文笔"熔铸"进真切的感情,那样的话,效果自然就出来了。而日记则给了学生自由叙述真实、抒发感情的天地,稍作引导,学生自然会言无不尽。请看例文:

9月11日　　　　　星期三　　　　　　天气:阴转多云

这次又考砸了……

　　从前,你是坚强的,如今,你是脆弱的。从前,有什么能让你让步?有什么能令你"下雨"?如今,你变了——"雨儿"多得很,且动不动就"大雨倾盆"。

　　上天是公平的:从前的快乐不代表现在,现在的悲伤自然也不代表未来……上天不但赐予我生命,而且让生命饱受煎熬;上天给了我权利,却又让责任将我重重绊倒——上天是模糊的!

　　没有人能真正帮助你自己,你要明白从哪里跌倒就要学会从哪里爬起来的道理!难道你忘了"大拇指"吗?增加信心,牢记"我能行",坚强自然会拥抱你!别哭,没什么能让你忘记"天将降大任于斯人也,必先……"!没什么能摧毁你!没什么能阻止你迈出辉煌的步伐!

　　好一篇自我安慰的文章,作者的感受不但真情流露,而且已然在用日记"经营"起了自己的精神家园!

(二) 洞察生活细节,挖掘理想情趣

　　兴趣是最好的老师。力求让学生乐在其中岂不是一件很好的事情?用生活中的理想情趣去激发他们的创作灵感,学生便会插上想象的翅膀,给生活涂上五颜六色,遨游于格子之间,尽情抒怀。请看例文:

9月19日　　　　　星期四　　　　　　天气:小雨

苍　蝇

　　今晚吃完饭,洗毕头,正当我要离开时,突然一架"苏联产的米格—23型战斗机"——苍蝇从前掠过。第一感觉告诉我:有"敌情",立刻关闭"舱门",来个"关门打狗"。

　　"米格"果然名不虚传,我用衣服"横扫"两下,它居然还能以超音速飞行。无奈之下,只好运用"生化武器"——飞毛腿。可是,老爸是"安理会退补主席",坚决出来制止……"电击绝招"被我搬了出来。"战斗机"的速度太快了,眼花缭乱的我,老在原地打转,头晕目眩了。A方案失败!没事,我还有B方案呢!既然敌机以速度为"护身符",那么,我也就凭速度将其歼灭。我闭上眼睛,紧握"电棒"左冲右突,只听"砰"的一声,我以为敌机被我击落了。睁眼一瞧,那讨厌的玩意儿还在自由翱翔呢!

好似什么也没有发生,更像在向我示威……

气死我了! 真想把它大卸八块,方解我心头之气。于是,我使出了必杀技,棒球比赛中的"击球手",稳立当口。"球"飞来了,10米、9米、8米……"啪"的一声,击中目标,我扔下"球拍"迅速接住那架"敌机",扔入水池,"去吧——,您哪! 淘汰出局。"稍作休息,不禁自言自语道:"老虎不发威,你当我是病猫啊! 还是让你到下水道慢慢去翱翔吧……"

俗不可耐的一只飞虫,淡而无奇的生活细节,在小作者的笔下竟如此生动形象,读来不禁想要拍案……与那篇《幼时记趣》的文章构思岂不是有异曲同工之妙!

(三) 鼓励开拓创新,激励个性张扬

记得一则广告这样说:把简单的问题复杂了——太累;把复杂的问题简单了——贡献。其立意中包含了开拓创新。在平时的日记训练中,我们也可以将创新思路融进来,给学生充分思考的空间,给他们张扬个性的舞台。请看例文:

10月9日　　　　　　　　星期三　　　　　　　　天气:多云

一道证明题

已知:一个初三学生,身高1.6米。

求证:初三的我长大了。

∵现在是晚上10:25分,而我仍坐在台灯下,努力学习,可见我的刻苦态度——已充分认识到初三的严峻性,知道了"苦作舟"后方能有所作为。

∴我长大了,思想境界到了一个儿童所绝对达不到的高度。

爸爸批语:既然知道学习的重要性,为什么整个下午都在与弟妹们玩耍?

又∵我不乱花钱。除买文具外,几乎不多花一分钱:在烈日炎炎的日子里,决不买一瓶饮料;午饭只吃三元的快餐……

∴我长大了,知道了钱来之不易,生活的辛酸。

妈妈批语:那为什么买这么多四驱车、玩具手枪、磁带等?

我最终还是没有解开这道证明题。

∵世界太精彩,诸多客观内容让我"望眼欲穿",我的意志又太……

∴我还得继续努力——路漫漫其修远兮,我将上下而求索!

曾有教育界的前卫人士提出：数学课上，有的东西可以请语文教师先讲，进而几门学科的教师通力合作，共同构建一节课。我们这位小作者也很有特点——他已将数学的框架熟练地嫁接到文章上来了，令人耳目不禁为之一新！

（四）寓作于乐，还其本来面目，激发创作豪情

法国艺术家罗丹说过：生活中不缺少美，只是缺少发现美的眼睛。其实生活本来就五彩缤纷，不但有美，更有乐趣。而学生们正处在"快乐年龄"阶段，自然乐事很多。日记教学引导好了，可以还他们以自我，让他们尽情挥洒自己的"青春年少"，且又能激发他们的创作豪情，提高其写作能力，何乐而不为呢？请看例文：

10月25日　　　　　　星期五　　　　　　　天气：晴

我班女生

前记，由于此文威胁本人的人身安全，故隐匿真名。

A女生端坐着，上课像只乖乖羊，下课还是乖乖兔。一天二十四小时，在校十小时，九小时五十五分捧着书本。不知道离开书本，她是否缺氧？头上的雅号"书女"，总给人一种柔柔的感觉。不由感叹：若本班女生皆如此，吾等命运亦不甚乐乎？可事与愿违，你瞧，B女生走了过来，开口便是一句："××，把钢笔借我！"便从桌上拿了钢笔扬长而去……还没等C君反应过来，自己的桌上已遭"土匪"打劫一空了。上前索取，三言不和，便被打了回来。正因为有此等女生，所以男生的日子才会越过越惨。只见讲台上，D女生又在大喊："不要讲话了，再讲我就记名字了。"这句台词，她一个中午能讲上几十遍，而自己却一样谈笑风生。再看那位E大姐，一边吵嚷着组长快交作业，自己却在一边狂补家作。

我班女生，缺少温柔，阳刚过甚，又各有个性，真所谓："你是女生，温柔的女生；你是女生，恐怖的女生；你是女生，个性的女生……"

幽默也是一种能力，且并非每个人都能做到恰到好处的幽默。小作者诙谐幽默的语言与趣味盎然的细节相得益彰，读来令人捧腹之余，也会感慨其机灵与睿智。随着中学语文教学改革的进一步深入，作文的分量已众所周知。日记是提高学生写作能力的一种有效途径，我们还需要进一步探讨和挖掘其深邃的内涵与魅力。

二、高分页

寻着"光"

黄杨滟仁

若是因惰而偏离了航道,任由黑暗吞噬自己,那就寻着光——劳动,摸索着前去寻找在路的尽头的星。

我愿,这"光"永远伴君常在。

(1) 似有的光

2020年冬天是个特殊的季节,冬天貌似过得有些许漫长,春天好像迟来了一般。

城市病毒的喧嚣口口相传,声声入耳。我们不得不全副武装,戴口罩的戴口罩,不出门的不出门。

(2) 初光显露

初春的早晨,阳光洒下,照在我正书写青春的背影上。

忽闻一声呼唤:"滟滟,你下来跟我一起打扫院子吗?劳逸结合,来来来!"本就喜欢热闹的我自然欣然同意:"好啊,来了!"

其实,把院子这种比较脏的容易滋生细菌的地方打扫打扫,也是为我们的生活增添了一份保障。现在疫情虽然有了好转,但时刻都不能掉以轻心。拿起扫帚、簸箕,戴上口罩前往院子打扫。

我的主要任务就是把院子的地扫了。我拿起扫帚,东扫一下,西扫一下,将花花草草的枯枝败叶都扫到一堆。而父亲则在前面为我开路,他用铁铲帮我把从地缝中生长出来的顽强的杂草铲下来,"吱吱吱"的声音不绝于耳。我就跟在他后面,把铲下来的杂草和顺路的尘土扫汇到一起。一堆又一堆的杂草、枯枝败叶和尘土躺落在地上,等待着被我扫进簸箕的宿命。

扫地任务顺利完成,接下来就是把它们倒进垃圾桶里。我一只手拿着簸箕,另一只手掀起垃圾桶的盖子,显得有些吃力。但我最终还是圆满完成。

(3) 渐进的光

接下来就是父亲的主场了。刚扫好的院子,父亲决定把它冲洗一遍。他手拿水管,满脸笑意。水冲走了污渍,冲走了细菌,同时也冲走了我们内心对病毒的恐惧。

冲完院子,父亲还是没有闲着。他拿着剪刀,修剪生长在路中央的枝丫,对我说着:"把长到外面的枝丫都剪剪,防止给路上的行人或车辆带来不便!"父亲就是这样一个人,积极地为他人着想,与人方便,自己方便。

(4) 携光满心

美好的上午美化院子的时间就这样结束了。虽然很短暂,但是这毕竟是劳动,我们也都流下了汗水。果然,美好生活需要用汗水与劳力换取,所谓"劳动美化生活"。只是有所不同的是戴着口罩而已……

虽然最好的消息还没有传遍神州大地,虽然我们还没摘下口罩,虽然我们还不能拥抱,虽然我们还没有见面……但是我们的心永远在一起,我们可以跨越风雨,病毒并不会让心保持刻意的距离!

"美好生活,劳动创造"告诉我们,没有不劳而获、坐享其成的美好生活。现在,疫情还没有结束,我们要更好地保护自己。唯劳,让家园洁,让病毒少,这样才能让一切都回归平静,让本该平凡但精彩的生活重新回归,让全世界的人们都能走在一方净土上……

不要放弃,春天已经来临,很快春色就要如画,万物就要复苏!

战"疫"护家,心怀世界——武汉要加油! 中国要加油! 全世界都要加油!

穿过黑暗尽头,让眼中充满星星,带着"光"——前行。

简评:

1. 文章写了"我"和父亲疫情期间劳动的场景,打扫细节的描写细致形象,打扫的过程便是寻"光"的过程,反映了中国人民抗疫的热情、信心和希望。"父与女"的人物虽然普通,但令人温暖。(教师姚星辰评语)

2. 文章形式新颖,语言生动朴实,没有华丽表达,没有惊心动魄的故事情节,家中普通小事,娓娓道来,以小见大,凸显扎实写作基本功。(教师丁浩然评语)

3. 运用比喻的修辞手法,将劳动比作光,又象征信念,暗示中国人民抗疫、世

界人民抗疫的美好光明未来。由浅入深,循序渐进。运用小标题,使文章条理清晰,让读者一目了然。(教师张振评语)

恰 好

扬中市江洲中学 九(6)杨静宜

惊鸿一瞥的邂逅是恰好的相遇,猝不及防的关心是恰好的幸福,迎面而来的挫折也是恰好的机遇……在恰好的时间,我付出了努力,获得了恰好的成功。

2020年的春天注定会成为我成长道路上难以磨灭的记忆。一场突如其来的疫情打破了原本阖家欢乐、团圆美满的气氛。紧接着,受疫情影响,全国各地学生开启了"网课"模式。

父母已经正常上班,我心安理得地拿到了手机"上网课"。晚上父母下班回家时,我房门紧闭。推门而入,眼前的景象让人惊骇:零食包装袋和饼干碎屑遍地都是,课本稀稀拉拉地摊开在地板上,整个书房已无落脚之地。书桌上的作业本零星地动了几个字,电脑屏幕荧荧亮着,播放着网课视频。转椅上的人一手捧着热气腾腾的方便面,一手在手机上啪嗒啪嗒飞快地打字。

日子一天天过去,我竟沉沦于这份安逸之中。我开始晚交作业,敷衍随意地记笔记,看到小管家里批改的作业上一个个鲜艳的红叉,我也毫不在意、无动于衷:怕什么,开学以后,老师肯定还会重新讲解的。

我能清晰地感受到自己的堕落,却还是沉迷在手机的聊天、综艺、电视剧里,任由着那像深陷泥潭徒劳挣扎后被彻底埋没的无力感将自己包围。

很快,在家网课阶段的第一次调研练习,我毫无悬念地考砸了。面对前所未有的超低分数,我呆住了,它就如一颗威力巨大的炸弹一下子摧毁了我心底的最后一道防线。那晚,窗外的天空没有一颗星,漆黑空洞,仿佛看上一眼便会深陷其中,迷失方向。压抑、伤痛、迷茫如潮水般涌来,我整个人只剩窒息般的痛苦。

我问自己:还要继续这样吗?还打算继续往下掉吗?还记得上学期期末考试后败北的痛苦滋味吗?还记得老师和家长批评时失望的样子吗?还记得同学们认为你终是昙花一现,再也站不起来时轻蔑嘲讽的眼神吗？

不！绝对不要！我不想它再发生，我要努力，我要改变！

清晨来临，阳光轻轻巧巧地洒在窗台上。我将头发别在耳后，对着镜子里的自己坚定地说：加油！

我加倍努力着，我逼着自己戒掉手机，一丝不苟地听好每一堂课，抽空补看前面没有听懂的课程，不会的地方及时请教老师，每天争分夺秒想做第一个交作业的人。

累，很累。每当我感到想要松懈时，我就用分数提醒自己要时刻绷紧心中的弦；每当我感觉不到进步，感觉希望渺茫时，我就会鼓励自己：即使黑暗，也要心有曙光，永不放弃；每当我正欲放弃时，"世上无难事，只要肯登攀"这句话就会在耳边回响，我咬咬牙，依然坚持着我的坚持。

多少个夜晚，我强撑着眼皮，喃喃背诵；多少个夜晚，冷水扑面后，笔尖仍是唰唰不停；多少个夜晚，梦想滚烫热烈的炎燊冲破强烈困意的束缚，推我前进……"不经一番寒彻骨，怎得梅花扑鼻香"。那段时光里辛苦、劳累，却也恰好让我感到无比充实。

轻风微醺，柔和温暖。经过严冬的考验，我们终于迎来春暖花开。回到往日熟悉的校园，我们进行了开学测验。

教室里鸦雀无声，只有笔和试卷摩擦发出的细微簌簌声。我知道，没有一个人放松，没有一个人懈怠。答题时，我感到从未有过的轻松。即使遇到不会的题目，我也能冷静思考，分点作答。

等待成绩公布的过程是焦灼的，但当我看到老师赞许的目光和同学们敬佩的眼神时，我明白，我的努力没有白费。

恰好这时，阳光透过玻璃，洒下暖黄色的光晕，沉睡了一冬的花儿似乎都绽放了，好像浓郁的春天气息一下子在空气中弥散开来。叶儿是翠嫩嫩的，草儿是绿油油的，花儿是粉嘟嘟的，窗外的天空也是蓝湛湛的，让人心中感觉无限欢喜。

恰好的时间，恰好的努力，然而恰好的成功背后蕴含的不仅是机会的巧合，更是付出了心血和汗水的结果。作为中学生的我们，当以梦为马，不负韶华，抓好身边的每一个机遇，不断进取，以理想为剑，以自律为盾，在今后的漫漫学习之路上，战出属于自己的精彩！

简评：

1. 文章先抑后扬，通过前后对比，突显作者感到愧疚后奋发学习的决心。（教师陈诺评语）

2. 文章思路清晰，布局精巧，主旨鲜明。抓住心理描摹写出"我"的勤奋上进。（教师陈昱同评语）

3. 开篇诱人，语言精美，环境描写渲染气氛，擅用修辞，文采飞扬。（教师张诗璐评语）

赋能应试策略篇

"双减"背景下教育的目标定位是什么？依然是立德树人。中考、高考又是怎样的定位呢？为什么这定位引导和主宰了那么多的想象力和思维力。因为竞争，因为"内卷"，因为刚需。但是，也无需害怕和回避，试问，哪种选拔没有竞争？哪处竞争没有焦虑？哪种焦虑不考验着家长、孩子、老师的智慧？这样想来，中考、高考坦然面对就是，认真对待就是。自己细致谋划自己的中考高考就是了，让思维活起来，让精神淡定起来，自然也就开朗起来了。

一、阅读页

阅读中的自主思维——化繁为简，扼要解题

议论文阅读考查是中考的测试重点，也是难点。如何才能让学生轻松而高效地应对无疑是中学语文教学的一项重要使命。分析中考卷面上的诸多问题，思考解决问题的便捷途径，不妨以议论文阅读解题技巧为切入点，以简明扼要为基准，从把握整篇文章、细致精准审题、厘清解题思路、全面准确答题四方面入手，科学高效地提高议论文答题正确率。

翻开中考语文试卷，诸多议论文阅读"惨状"令人困惑不解：有的阅读题目，一片空白，学生只字未写；有的洋洋洒洒，写了许多，却不知所云；有的乱七八糟，毫无章法逻辑可言；有的答非所问，甚是可惜……凡此种种，无不是不懂议论文阅读，不懂阅读技巧之缘故。我们不妨就最近的中考阅读题实例，说说解题技巧中"简明扼要"之妙处所在。所谓大道至简，简明扼要之妙在于能用最短的时间、最精准的语言、最精巧的表达获得最精彩的分数。于中考考试而言，其意义可想而知。那么，如何才能实现所说的"简明扼要"呢？

下面主要结合2019年镇江市中考语文试卷中的议论文阅读《训练语感（节选）》，来理理议论文阅读解题的要领。

(一)全心谋略——简明扼要地阅读

议论文的灵魂是什么？自然是中心论点。在议论文的论点、论据、论证三要素当中，它的位置是举足轻重的。所有的论证内容都围绕中心论点展开，中心论点也是议论文阅读的灵魂之所在。议论文阅读教学模型，第一步就是理解从论题入手，理解论点。把握好了它，文章也就把握好了一半。而且对中心论点的知识掌握程度的考核，也是中考出题的重点和核心之所在，是必考内容。《训练语感》试卷中，第一题便是这个：在如何训练语感方面，作者的主要观点是什么？

显然，这个考的是文章的论点，但到底是中心论点还是分论点呢？我们看看文章的主要内容。寻常角度讲，一般议论文的中心论点出现在文章的开头和结尾。开头一般是指文章的题目，或者一、二自然段，结尾一般是指文章的结尾一段或两段。而文章的分论点一般是在相应语段的开头第一句或结尾的最后一句。"一般来讲，一个语段就是一个相对独立的整体。它也有观点，有材料，有小结。"就此来看，我们阅读语段时，掌握了其基本结构特点，就可以以最快的速度精准地把控语段的主要内容，尤其是主要观点。

把握一般议论文规律，如"简明扼要"地阅读全文的最大好处在于：①能降低阅读量，使学生紧张甚至烦躁不安的心情平复下来，静心答题；②能让纷繁复杂的文章变得一目了然，结构清爽；③能大幅度提高整体阅读的效率，提高答题的准确率。当然，还需要辅之以略读的常规技巧。比如，用圈点勾画读书法，将关键词句"训练语感""例子""譬如""要把生活经验联系到语言文字上去"等圈起来。如此第二遍读文章或者答题时就有了精准的信息。即便是原文中不能直接找到论点，也可以将关键词构成的关键信息整合起来，形成正确的答案，如此，答题的正确率就会大幅度提高。

(二)用心斟酌——简明扼要地审题

为什么有的同学答非所问？虽然答题处写得满满的，但遗憾的是离题万里，一分不得。为什么有的同学试卷上阅读部分一片空白？试问，他们有的连题目都没弄明白，怎么能答正确呢？再深入分析，有的同学不知道怎么去审题，有的同学审题不够周全。审题奥秘在哪？其实最关键的就是审题一定要抓住关键字眼，读透题目的要求，明白到底要答什么内容，提炼关键信息。万不能囫囵吞枣，不然就可能含糊其词，或者拿不到满分，甚至南辕北辙。

《训练语感》一文中，问："第④段主要运用了哪些论证方法？论证了什么观点?"就此题目,有三个信息点需要关注:一是要注意题目是针对第④自然段而言的;二是问运用了什么论证方法,而且是"哪些",肯定不止一种;三是问论证的观点是什么。分析清楚了问题的关键之所在后,答案就清晰了一半。

第④自然段运用了举例论证和对比论证。纵观全段内容,根据对内容的理解以及段首的"譬如"一词,就可以看出是举例论证。举了语感不同的人对"健康的疲倦"一词的不同理解,这两种人由于语感不同,其理解也截然不同,所以又是对比论证。以此来论证第③段中提出的观点"直到自己的语感和作者不相上下,那时候去鉴赏作品,就真能够接近作者的旨趣了"。这两种论证方法是最常见的,除此之外还有道理论证、比喻论证等。证明的观点在第③段的最后一句里面,直接摘抄下来即可。

而在第一题中,审题时如果能抓住"主要观点"中的"主要"一词,结合提问"如何训练语感",也就能明白这是在问文章的中心论点了。由此可见,审题时抓住了关键信息,也就实现了简明扼要,也就实现了答好题目的前提和保证。

(三) 细心思量——简明扼要地解题

语文学科是要关注学生的形象思维能力的。另外,要想将题目,尤其是阅读题答得清清爽爽、层次分明,逻辑思维能力也是不可或缺的。否则就会答得乱七八糟,不知所云。而且,很多阅读题进行适当的逻辑归类之后,就会变得很容易,解题思路就会很清晰。以第三题的第一小题为例:

①这榆树在园子的西北角上,来了风,这榆树先啸,来了雨,大榆树先就冒烟了。(萧红《呼兰河传》)

榆树怎么会"啸"呢?"冒烟"是怎么回事?(3分)

语文是语言类学科,自然要咬文嚼字,赏析语言妙处是自然的、必须的。这道题就是考查词语的赏析。作者已经在文中指出,要想训练语感,"不能单从语言文字上去揣摩,而要把生活经验联系到语言文字上去",于是结合我们的生活经验展开联想,这里的"啸"指的是大雨来临前,风吹刮大树发出的声音很大;而树"冒烟"指的是大雨落下,形成一片雨雾的情形。答题时,这类赏析一般注意三个步骤:其一,解释词语的语境意思;其二,看看词语对修饰对象起到了怎样的表现效果;其三,对作者表达思想感情起到了怎样的作用。就此得出答案来:"啸"是咆哮的意思,"冒烟"是指冒出了雨雾。分别指大风吹在榆树上,发出响声。雨打树叶,腾起雨雾,就像冒烟一样。表达了作者对故乡景物的喜爱、赞美、眷恋之情。

理清解题思路,掌握了答题方法,就能让复杂的问题简单起来。尤其是结合文体特点来作答,"把握文体规范和变革的辩证法,准确解读议论性文章的内涵和外延"。比如议论文阅读中,考查常见的论证方法、作用一类的题目,就可以如此总结:文章采用了举例论证的方法,列举了……的例子,具体有力地证明了……的观点,从而使论证更具有说服力。解答最常见的论证方法及其作用的简明思路就如同数学的公式一般,掌握好了,就能够快捷有效地答题。

(四)精心雕琢——简明扼要地答题

题目审清了,思路理清了,最直接的就是答题要答清,如此方能获得更好的结果。简明扼要地答题得注意三方面。其一,注意规范。答题时写清楚得分要点,有几层意思就用几个序号标注起来。如此,教师阅卷时就会一目了然,简单地实现了"与人方便,自己方便"的目的。其二,注重逻辑。答案的要点表述一般都有逻辑的顺次关系,或由表及里,或层层递进等。按序答题,保证合情合理,思考到位。其三,注重周全。语文题目的分值比较小,得分点多,因此不妨根据题目后面的分值,考虑书写几个点。甚至于为了满分,不妨在时间允许的情况下,从不同的角度,多写几点,确保得满分。以镇江中考阅读最后一题为例:

庭下如积水空明,水中藻、荇交横,盖竹柏影也。(苏轼《记承天寺夜游》)

院子里怎么会有"积水"?又怎么会有"藻、荇"?从中可以看出作者怎样的心境?(3分)

本题考查对句子的理解与分析,是常见的考题,也是较难的题型。根据"盖竹柏影也",因为有影,可知此夜有"月"。这样即可知"庭下如积水空明"是以形象的比喻,将月光比作积水,从而表现月光的皎洁。"一切景语皆情语",写景是作者心情的外显和表露。句子写月光如水,可见水"静",水"清",水"净"。作者写出这些,恰恰表明他内心是"静"且"净"的,也就是说,他是"心无杂念,心如止水"的。因此,答案可以表述为①照亮庭院的皎洁月光,就像注满池塘的清水。②竹柏的影子,看上去就像交错纵横的水草。③从中可以看出作者恬静、闲适的心境。

议论文阅读,越来越为大家所重视和期待,各类考试的难度系数也在不断提升。重点加难点的结合中,如何实现更有效的突破还需要更多的实践和创新,如何更有效地提高学生的阅读素养还需要更多的尝试。议论性文章是以议论这种表达方式为主,通过摆事实、讲道理表达作者的观点和主张。这类文章内容广泛、贴近生活,同时实用性强。它对于中小学生的成长有着重要的意义。有鉴于此,大家不妨一起尽心,一起努力,一起提高。

二、写作页

写作中的自主思维——关注细节：考场作文需要重视"有没有"

考场作文总是难以把控，语文科代表有时作文也会拿低分，很多学生听天由命，指望运气好，希望遇上欣赏自己作文的好老师……凡此种种，无不反映了语文作文教学的困惑和无奈。而作文却又是中考、高考的大头和重头戏。那么，如何才能在考场上让自己的作文得高分呢？我们不妨从如下六个方面：书面、中心、选材、结构、表达、照应，去谋划、考虑自己的应试作文。考场作文教学不妨从微观入手，细节入笔，将"减负增效"背景下的作文教学做得更出彩。

作文一直有"通用标准"，如"立意/结构/语言"三维组合。"通用标准"的存在非常必要，但显然无法代表作文评价的全部。对于考场作文而言，不但需要高度重视作文细节来让简单三维组合出彩，更要重视三维之外的其他维度，尤其要借助其他元素来让考场作文出彩。如此一来，不妨关注写作细节，从以下六个方面，让考场作文出彩。

（一）有没有美观的书面

当下，更多的阅卷是在网上，无论是阅卷的速度，还是批改的节奏都跟以往大相径庭了。因此，卷面的书写得分悬殊越来越大。一篇文章，清清爽爽、赏心悦目，另一篇文章，乱七八糟、字迹潦草，可以想象，结果肯定是大不一样的。于漪老师说："不少学生的字写得潦草，笔画不清，胡子连着辫子。写得美观、悦目，要求可能高了，但整齐、端正、正确，应是基本要求。"显然，书写也是写作基本功。

如何做到美观？不妨需要注意三个层次：

第一，规范。也就是做到横平竖直，一目了然；字都能让阅卷老师认得清楚，不必去辨识是什么字。第二，正确。字要书写正确，标点要规范。不能出现低级错误。段落安排要科学。不能仅有一段，或者三段，给人呆板的感觉。第三，漂亮。练就一手漂亮的、个性化的硬笔字，对于任何一门学科考试都是大有裨益的，尤其是作文考试。以"瘦精体"为例，工整细腻中透着力道，会让人不禁称道。如能临摹仿效，得其精要，受益的就不仅仅是作文，可能得分会相差 5 分左右，关系到语文的整体得分，而且会影响到其他学科的卷面得分。有时甚至会影响个人一生的发展，因为毕竟有"字如其人"一说。

(二)有没有科学的中心

中心思想是一篇文章的灵魂,如同一个人,没有了灵魂或者灵魂出了问题,那绝对是无法想象的。作文个性是怎样"长"出来的？管建刚老师认为是自由。诺贝尔文学奖获得者、捷克斯洛伐克诗人塞弗尔特说:"我为能够感到自由而写作。"写作没有自由,这个世界将失去无数优秀的作家,也将失去无数优秀的作品。而在我看来,这里的自由是相对的自由,不是绝对的自由。因为考场上,有太多太多的同学,由于审题或是行文中出了问题,导致中心出了问题。虽然他们的基本功非常好,虽然平时非常出色,结果语文考得一败涂地。

如何不出错,或者少出错,不妨注意以下四个方面：

1. 求稳

不要老想着标新立异,观点另类。除非非常有把握,除非愿意去冒险,否则,建议平中见奇的思路,观点主题力求稳当。毕竟,阅卷者也是寻常人,毕竟"一千个读者就有一千个哈姆雷特"。谁能肯定他就一定认可你的观点呢？

2. 求准

准即准确,要将题目要求精准把握,将关键词圈起来以提醒自己注意。或者直接引用题目中的关键词,或者用关键词概括出题干的要求,或者用一句话对主题思想、主要观点作表达。

3. 求明

此处的明即为明确、鲜明。开头也好,文章的行文过程中也好,抑或是文章的结尾都要有明确的文字来表述文章的主旨。尤其是文章的结尾,一般要有画龙点睛,乃至升华主题、深化中心的安排。

4. 求亮

这里的亮是指阳光、明亮。也就是说,文章主题要积极向上,要阳光明媚,不能"灰色",不能任意发挥,更不可有负面思想。做好上述四点,主题立意应该不会出现大的问题。

(三)有没有精准的选材

选材,考虑的是围绕写作要求,尤其是中心主题选择什么材料。浙江省的作文题自2004年自主命题以来一直在平稳中进行。命题内容上,主打文化主题,贴近现实生活。浙江省的作文命题,每年都在追求"文化味"和"人文性"。这里的文化和人文着力强调的就是写作要求和素材选择。以中考考题"我爱(　　)季"

为例,要求写一篇写景文章。结果,很多学生的考场作文思路不清、景物不明、画面不美、活力不够。如何解决上述问题,不妨巧妙选材。貌似很宽泛,有很大的范围,但是可以选身边生活中确实存在的实实在在的可观、可感、可思的鲜活材料。切入点小了,也易于掌控和深入展开。

可以以校园的景物为素材,借此表现对季节的感情。校园的一草一木一人无不是可以信手拈来的素材。可以巧用移步换景手法,引领读者从校园门口走起,穿越香樟树林,路过小石潭,走进广化广场,迈步热闹的操场……校园的每一处都是别样的风景。如此写作,不但能写出美文,更能写出浓浓的爱意和情谊。这样的文章怎会言之无物?怎会不打动人?没有华丽的词藻,没有惊天动地的表达,但有生活气息,再加上丰富的联想表达,一定能打动人。没有"无病呻吟"的材料,无需风花雪月,只要围绕文章中心主题,真心真情真意地表达即可。

(四) 有没有精巧的结构

考场作文被判卷误判的情况很正常。避免判卷误判,不妨从内容、卷面、题目、开头、行文、结尾、结构等角度去探究如何获得评卷老师的青睐。而这里说的结构就是文章的框架,如果结构不行,就如房子失去坚固的房梁和框架一般。再华美的大厦也会东倒西歪,长此以往,甚至会轰然倒塌。因此,文章结构也应出彩。如何出彩?不妨做到以下三个"一点"。

1. 规整一点

有清晰的顺序结构,或按时间顺序,或按空间顺序,或按逻辑顺序。总之,清晰的结构思路,可以让人一目了然,迅速了解整篇作品。当然,要做到鲜明规整,可以在文章细节处,加入明显的时间、空间或反映逻辑顺序的词语进行表达。

2. 灵活一点

结构虽然是形式之一,是为内容服务的,但是也可以为文章增色添彩。比如,记叙文一波三折、跌宕起伏的情节安排后,可以自由、灵活地排兵布阵。有时一个词、一个字都可以独立成段。有时,一个意象就可以成为文章精美的线索,就此延伸,文章会给人浑然一体之感。比如2019年镇江市语文中考阅读题的最后一篇《塑料花》,就是以塑料花为线索行文的,值得借鉴和学习。

3. 个性一点

有的学生喜欢开头用题记,有的学生喜欢结尾用后记,有的学生主体部分喜欢用小标题,有的学生喜欢用书信或者日记形式……个性化的结构设计,只要合情合理,只要恰到好处,只要能为表达主题思想服务,应该都是值得提倡的。

(五) 有没有美好的表达

古语说:言之无文,行而不远。这里的文,即强调文章语言表达应具有"三美",即词藻美、韵律美、内涵美。成功的作文语言好比在万紫千红中透出的那令人清爽的一点绿,而这点绿,可能正是骄阳六月所最需要的。一篇文章,语言如欠特色,再好的立意也会付之东流。那么如何才能让作文语言成功表达呢?语言表达时,可用些比喻、拟人、对偶、夸张、排比等修辞手法,让语言华美;如同《与朱元思书》一文的"骈体",押韵有序、节奏和谐、骈散结合的语句表达,读来朗朗上口,而且极富旋律美,自然让人喜欢;创作富有哲理又耐人寻味的句子,也是思想内涵深刻的体现。简洁明了,或者复句层层包裹意思,严谨述说,无不是语言魅力表达的体现,当然也都能令人叹服。语文是语言的艺术,咬文嚼字的韵味和美好也许就在于此吧……考场作文的语言表达,文采斐然,令人叹服,自然能使文章增色很多。

(六) 有没有醒目的照应

常常说考场作文的"凤头、猪肚和豹尾"是非常重要的。如果文章能实现开头结尾遥相呼应、线索贯穿始终、中心基调浑然天成,那美文给读者带来的整体感和完整性是可想而知的。因此,醒目的前后照应肯定能让文章出彩。当然,照应如果是巧妙的,更会令人心动。比如老舍《济南的冬天》一文,结尾则是"这就是冬天的济南!"看似仅仅是词序的变化,但深入体会,不难发现老舍驾驭语言的高明:由对济南冬天的描写和赞美,巧妙地提升到对济南城市的喜爱和赞美。读来,文章感情的升华既水到渠成,又韵味无穷。

细节决定成败,细节彰显风采,细节锁定未来。作文的好坏,得分的高低取决于六个方面,着眼六个角度可提升考场作文的质量。心里时常记挂,平时训练到位了,文章自然妙不可言,考场作文自然不在话下。

三、作业页

作业中的自主思维——"双减"背景下,探究"减负增效"策略

为贯彻落实中央有关精神,规范学校教育教学管理,全面提高教育教学质量,坚决扭转一些学校作业数量过多、质量不高、功能异化等突出问题。近日,教育部办公厅印发了《关于加强义务教育学校作业管理的通知》。

放眼当下,直面作业乱象存在的现象:

1. 部分学校布置作业还太多

部分学校为了迎接各级各类检查,为了自我建设的需要,会零零碎碎地布置不少作业。或学科类,或文化类,或生活类,有时线上有时线下,复杂烦琐的作业不断叠加,无疑给学生和家庭造成了不小的负担。

2. 教师作业布置太多

班级内部,学科教师布置作业未经选择,未提前试做,随意布置。有的反复、重复布置,有的数量太多,有的难度太大,有的不加层次区分。随意性的作业太多后自然造成学生作业负担太重。问题严重时,迫使个别学生不得不去抄作业,甚至不得不放弃做作业。

3. 家长作业布置太多

为了孩子的出类拔萃,家长们望子成龙、望女成凤,于是回家后给孩子加班加点,另外布置了一些作业。有的是在周末,有的是天天如此。貌似在提高学生成绩,其实是在加重学生的作业负担,导致学生忙于应付家庭和学校的双重作业,导致了自由成长时间和空间的缺失。满满的作业负担必然导致学生学习效率低下,出现疲于应付的状态。究其根本,有个别家长的行为就是"拔苗助长",急于求成。

4. 课外辅导也会布置作业

学生已经有了学校的家庭作业,安排另外的课外辅导不但会挤占学生大量的课余时间,而且作业量也不小。尤其是在数重压力下,学生疲于应付各类作业。在"5+2"的满负荷状态下,学生心智的成长缺少了必需的自由和放松,以致他们身心疲惫不堪。

问题根源何在?

1. 学校焦虑

学校为了打造品牌特色,为了教学质量的不断攀升,为了社会的广泛好评,过于焦虑。于是缺乏长远而整体的规划,缺少文化体系的打造,缺少学术研讨和探究的氛围,导致没有科学举措的精准实施。

2. 家长焦虑

升学竞争、就业竞争让部分家长很焦虑,于是他们会在孩子学习上盲目加大时间精力的投入。尤其是在不知如何有效家教的过程中,过多依赖孩子作业的布置,结果是事倍功半,甚至出现事与愿违的情况,最后就会迁怒于学生和老师。

3. 学生焦虑

成绩、排名、存在意识等等因素,导致学生个体的焦虑是显而易见的。如何赢得大家更多的尊重和认可?如何使未来更有前途?诸多内卷问题使得他们焦虑意识不断加大。如果不加谋划,不量力而行,负重前行,学生未必会健康成长。

4. 机构迎合

为了迎合家长乃至学校的需要,机构会想方设法地在作业、学习活动安排上占据学生的课余时间。殊不知,满满的作业安排导致的是低下的效率、焦虑的状况。

举措要接地气,需切实解决问题:

1. 学校科学定位,谋略高远

做有灵魂的教育,做有温度的教育,学校不唯分,不唯名。学校努力改变学生"被学习、被教育、被安排"的状态,让学校教育"润物无声,滋养心智",为学生的终身发展服务,用"自主意识"唤醒广大师生教育学习的强大内驱力。目光长远,用大格局锻造大教育。

2. 家校活动积极有效,重在动心

改变以往简单选择家庭、简单交流成绩的做法,凭借积极有效的家校互动活动,为家长们提供科学合理的指导。家访:注重目标导向,精心选择有代表性的学生家庭。几位教师一起,甚至带上家委会成员、优秀学生代表,走进家庭,了解学生的生活状态,给予更多的关怀。家长学校:让教学专家,让家委会成员,让家长们的互动带给大家心灵的洗涤。活动中,为家长们提供科学参考,合理定位。为每个学生的健康成长合适定位,一起陪伴他们良性发展。

3. 科任教师作业布置不随意,重在优化

优化科任教师作业布置的数量,严格按照时间要求,量化作业内容;优化作业难度,倡导教师提前试做好家庭作业后再去布置;优化作业布置对象的安排,注重作业分层次、分难易布置,因材施教,不搞"一刀切"。

4. 引导监管,到岗到位,重在力度

监管学校管理:不让繁多琐碎的创建工作转化成孩子们繁重的作业负担。借助"前置"的心理健康教育机制,把优美动听的音乐和经典的美文作为作业,营造轻松愉悦的文化氛围,借此带给学生良好的身心成长。

学校建立"融入式"监管体系：将"双减"思想融入师生意识。让大家明白，题海不等于高分，精简才能出高分。学习能力不是靠刷题刷出来的，学生要有足够的思考时间，甚至学生要有"发呆"的时间，要有身心放松的空间。将"双减"举措融入学校管理细节。比如从油印讲义的数量抓起，严管讲义发放，严控讲义质量。和教师个人的考核挂钩，和教研组、备课组的考核挂钩。将"双减"融入班级管理中。调动班委的积极性，调动教师的合作意识，调动家委的参与激情，展开大讨论，让大家高度重视作业负担减轻的意义和价值，明白作业负担过重的危害，齐抓共管，打赢这场攻坚战。让简单粗浅的依靠海量作业来要分的错误做法"遁逃"，永远失去存在的市场。

监管教师行为：通过信息平台、部门制度、第三方调研等途径，畅通作业问询通道。实施作业负担的随时监控，掌握一手可靠的数据；加强教师的研究学习意识，让精选、精讲、精练成为教学常态，规范基本的教学行为，让常态化的教学更细致、更扎实、更富实效；缓释各类焦虑，倡导张弛有度、"文化智能＋生活体验"的作业安排。寓教于乐，努力让学生做作业轻松快乐起来。积极探究和推进"分层"作业。给不同层次的学生，给接受力有区分的学生以慢慢提高的可能，最终实现大家的共同发展和进步。万万不要在作业阶段就搞得学生，乃至家长垂头丧气，甚至信心丧失殆尽，以致不得不依靠校外办学机构来学习，甚至形成更严重的恶性循环，搞得大家都在疲于奔命。

监管课外教学：严格查找有偿家教的渠道，加强学校内部问责机制的细化；严格检查校外办学机构的教育内容，不让升学竞争焦虑态势蔓延；严控校外办学机构的教学时间，不让课外辅导充塞学生的全部业余时间；严管校外办学机构的教师教育教学水平，经常性地抽查机构教师们的教学行为，考核他们的能力，以促使他们进步和发展，进而惠及他们所辅导的学生们。

5. 扎扎实实推进"实学"课堂改革，追根溯源，重在实效

(1) 关注习惯养成

好习惯成就好未来，尤其是读书习惯。"实学"课堂不妨在课堂读书习惯养成上做好文章，放手让学生在课堂默读、精读、美读，并作读书方法指导，激发学生爱读书的兴趣，培养好读书的技能。长此以往，读书素养的形成必定会让学生受益终身。

(2) 关注内容精选

因为课堂教学内容多,老师疲于应付,学生"囫囵吞枣",造成课堂教学效率低下。不妨积极实施以"教学内容精减,教学环节简化"为主基调的课堂改革。内容少了,教师就能讲真、讲深、讲透,学生就能将问题彻底厘清。教学环节少了,课堂覆盖学生的范围就能更广,学生学到的内容就能更深、更好。两者推进到位,又能兼顾不同难度题目的把控,做到课堂实实在在的因材施教、各取所需。

(3) 关注"固学"环节

有的老师提出要强化课堂检测,"堂堂清"。思路是好的,但往往在实施过程中会出现流于形式的现象。不少课堂是为了检测而检测,或者不能及时地反馈学生的学习状况,或者匆匆完成、草草了事。一般会导致课后要花大量的时间去批改、评讲。为了提高效率,不妨锁定教学目标当中的重点难点,在课堂上安排主要时间进行巩固强化,甚至强化到绝大部分学生都能理解掌握的程度。课堂上绝大多数同学都掌握了,课后自然花在作业上的时间就少了。课堂上固学环节运作好了,教师也就不需要再布置多少作业了,更谈不上重复布置多少作业了。

(4) 关注自主学习

学生课前的自主学习、提前预习,不但能培养良好的学习习惯,而且能大幅度地提高课堂效率;课上的自主学习,能调动学习的积极性和主动性,能让思维更活跃、更充分、更实在;课后的自主学习,能让心灵放松,不被作业绑架,能调动个性成长。张弛有度,文武兼顾。自主学习习惯的养成,能助力终身学习、长远发展,能赋能更多意义上的个体成长需要。

离开质量要求,空谈作业减负是不切实际的,因此唯有"双减提质"才是国家的真正意图之所在,唯有关注中小学生身心健康成长才是真正的方向和目标。收获的不仅仅是知识,更多的是习惯的养成、思维能力的提高、心智品质的健康等等。始终记得这样的教学目标,我们教育的格局就能更大,作业负担的减少举措就能更灵动、更智慧、更大气一些了。

四、方法页

方法提炼中的自主思维——如何学好语文

平常,学生中真有十足的把握能考出优异语文成绩来的,恐怕真的极少;有的学生经过了多年的学习,甚至会怀疑:我是学习语文的料吗?

那么,中学语文是不是真的那么高不可攀?这个世界上没有战胜不了的困难,只要学生是自信的人、有心的人、勇于攀登的人——尤其是有心的人,他们就一定能学好语文。那么,怎样才能算是个学习语文的"有心人"呢?下面简单地从四个方面谈谈自己的思考。

1. 多读

我国现代著名的文学家钱钟书写的《围城》,可以说影响了中国的一代甚至几代人。现在,依然有人对他的作品津津乐道:"城外的人想进去,城内的人想出来。"可他上大学时,甚至有时趴在课堂上睡觉。那为什么他的语文成绩却始终能在班上保持名列前茅?就因为他在小学初中,作了大量的阅读——阅读《四书》、《五经》《资治通鉴》、"四大名著"等等。大量而有效的阅读,为他积下了深厚的文化底蕴。再比如十三岁上北大的田晓菲,她的成功是与幼时的丰富阅读密不可分的。

那么学生到底该怎么读呢?第一,读好课文。这是阅读的第一领域。第二,广泛阅读有益的课外读物,可借阅,可自订,尤其是要注意老师推荐的一些好书。第三,读书时要注意处理好略读与精读,积极写好批注。马克思在《法兰西内战》、毛泽东在《辩证法唯物论教程》等书上面都作过批注。这种方法,对他们知识的积累、思路的整合都起到了不可低估的作用。

2. 善摘

可以根据自己的需要,对某些阅读内容做些必要的摘录。摘抄时,有的环节还需注重方法的合理性与科学性。比如摘录形式,完全可以以"摘抄卡片"为模板,借此来吸收阅读作品中的精华内容。做卡片,是一种学习的有效手段,持之以恒,日积月累,益处无穷。再比如,写上一定的有质量的思考文字。摘抄并不是真正的目的,目的在于取别人的长处,在于积累,更重要的是学以致用。卡片中,自己认为非常好的内容,要力求做到熟读成诵。那些表达技巧、语言技巧、结构技巧甚至标点技巧等都是值得用心揣摩的。经常发现有的学生在自己的周记或作文中刻意地模仿很多作家的写法,这非常好。学语文完全可以像画画中的临摹,在形成自己的创作风格之前,不妨谦虚地模仿一下文学作家的风格,更何况人家还是文学领域中的响当当人物呢?个性、思想、才华必定会在模仿中潜滋暗长的。

3. 勤写

如果说读、摘是输入,那么写就是输出了。它们之间形成一个良性的互动关系。写作能力是写出来的,手越写越活,不写则生,所谓"拳不离手,曲不离口"。有的著名作家,先前创作颇有成就,后来忙于其他事务,写少了,再写就差远了。有的学生怕写作文,因怕而懒写,因懒写而能力差,因能力差而怕写,恶性循环。平时除了写写规定的作文外,不妨通过日记将自己心灵的轨迹记录下来。这是一方心灵的"自留地"。在此,有事可记,有情可抒,有感可发。真情实感流诸笔端,嬉笑怒骂之后,定会有酣畅淋漓之感。多年以后,回过头来翻翻,这块精神家园必将是宝贵财富。勤于自由写作,于现在、于未来都是件大有裨益的事情,又何乐而不为呢?所以练笔要勤。练各种表达方式,练记叙文、议论文、说明文和应用文等各类文体。不应偏爱某类文体而忽视其他。在练笔的问题上,我想提出两点:①要多从生活中寻找写作的素材。我的一名学生,将自己在家打苍蝇的一幕写成了在与"敌机"作战。写得真是妙趣横生!发表时,我在评语中写道:你的作品与沈复的《幼时记趣》有异曲同工之妙。要用自己的睿智眼光去用心观察生活,去发现生活中的"美"。②认真思考,写出真情,力求入木三分。我仍以上文为例。我们看他以"打苍蝇"为趣,写出了少年的天真可爱。稍作分析,不难发现,文章之所以成功是因为作者精心思考、深入挖掘,取得高于生活的见地。由此,思考的深刻与否,情感的浓烈与否将直接影响作品质量的高低。

4. 好问

学问之道,既学又问。前面讲的读、摘、写练中都会碰到问题,"好学而不勤问,非真能好学者也。"常言道:书山有路勤为径,学海无涯苦作舟。学习是艰苦的脑力劳动。若不勤动脑筋,不勤于思考,那是无法学到知识的。勤问,恐怕有很多学生都不愿意这样做。我的一名已考上研究生的学生,记得她上中学时非常好问。当她遇到不懂的地方,总是去问老师、问同学,总觉得不弄懂心里就不踏实。或许就是她的这种"打破砂锅问到底"的精神帮她圆了自己的梦想。可见,勤问是使知识真正为己所领会的重要途径之一。语文能力的提高既有长期缓慢的逐渐的知识积累的过程,又有短期内就能见效的记忆学习过程。比如试卷中的字、词、句的默写,可以说短时间的态度决定一切。只要端正了学习态度,花了功夫就肯定能有好的效果。而阅读能力、写作水平则需要我们坚持不懈地去努力、去提高。

总之,我们学习语文,既不要怕它,又得要重视它。借用军事上的一则术语:战略上藐视敌人,战术上重视敌人。当然,我们和语文应是朋友、伙伴的关系。我们不要畏惧它,觉得它难以亲近,要用心思考怎样使它成为自己受益终身的助手,也就是真正做到抛开困惑,巧妙地握住语文的脉搏。

后 记

我一直在一线教书,一直在自主思维的故事里徘徊,寻找印象深刻的细节和画面。读读,写写,品品,悟悟,其乐无穷。因为一心醉梦于教育,为责任和担当,即便没有高屋建瓴的思想,即便没有轰轰烈烈的壮举,但有小桥流水的寻常巷陌,也是特别喜人的事情。于是,一路风景无限。"双减提质"下的教育故事,又有了新的开端和发展。我在教育的百花园里思考教育的本真,思考国家背景下的"立德树人",思考如何让师生发展、让学校发展、让社会宽心。于是,积极的实践中,自己的心情又不免舒展开来……

11月4日　　　　　　星期三　　　　　　天气:晴

应　试

下周就要期中考试了,忽然思考起语文教学的两个重点命题来……

(一) 书写——效率至上

记得最近一次家访,我们去两名成绩位列中等的学生家。我当着家长的面提问学生:"老师今天强调了语文书写的重要性,我明确强调了三个关键字,是哪三个?"结果,我们目瞪口呆,他们竟然分别只说出了"正、紧、小"中的一个字。课堂上,我还分别找了三名同学,分别两次追问了三个字的具体要求和含义。正,就是横平竖直,书写认真规范,字写得端端正正,卷面清清爽爽;紧,就是笔画紧凑,不松松垮垮,横七竖八;小,就是结构合理,摆位正确,字的大小合适,处在格子的妥帖位置。大部分学生,字要写得小些;个别学生,字要依据格子,写得适当大些。虽然讲这三个字的时候班级纪律非常好,虽然我作了细致的讲解,虽然在课堂上已经提问了几名学生,但大部分学生依然不予重视,依然没有掌握这几个关键字。由此可见,必须要高度重视课堂效率,万万不能被学生表面的安静乖巧所蒙蔽。

失望之余,忽然又特别开心,因为我发现了问题的关键之所在,于是为了提高课堂效率,再次强化书写问题。

(二)阅读——举一反三

以某市的一道中考语文阅读题为例:简要说明下面句子中加点词语不能删去的原因。(2分)

有研究显示,血量变化10%时就可以刺激渴感。

答:"有研究显示"强调"血量变化10%时就可以刺激渴感"是有科学依据的,增强了说服力,体现了说明文语言的准确性,也体现了科学的精神和思想方法。

其实,中考、高考语文试卷中,说明文阅读中这种题型经常会考到。因为语文毕竟是比较咬文嚼字的学科,它注重考查学生对语言的理解程度和对文章内容的领悟情况,培养学生对词语的赏读能力。答题时,一般可以从三个维度去考虑问题。其一,答出这个特定词语的语境意思;其二,答出"用"或"不用"这个词语对句子内容或文章内容的影响;其三,答出说明文语言的科学性与准确性。当然,有的科学小品,语言会是生动形象、富有情趣的。

就此思路,我们也可以试试部编教材八年级上册语文课本上的一句:"蝉的幼虫大概在地下生活了四年。"问:这句话中的"大概"能不能去掉?为什么?这句出自法布尔的《蝉》一文。答:不能删去。这里的"大概"是估计的意思,有推测语气;去掉的话,就说明蝉的幼虫在地下待了四年,与事实不符;这里用了"大概"体现了说明文语言的科学性和准确性,也反映了作者严谨的科学研究精神。

其实,语文中考、高考中的很多题型几乎是一样的,所以都可以考虑使用特定的答题技巧。语文课堂上,照此强化训练,学生入眼入脑入心,自然就能达到举一反三、触类旁通的境界。当然,这些仅仅是应试语文的简单技巧,我们更需要注重学生语文能力的提高和语文素养的提升。我们追求的是学生语文素养从量变到质变的美好历程。

走一走,看一看,我思故我在,我想故我前。

11月8日　　　　　　星期日　　　　　　天气：晴

足球之思

上周日踢了半场足球，2∶2，平局。球队心态好，开心一番——我们以活动锻炼为主，主要是大家聚聚练练，强身健体而已。

今天又有比赛，因为上回比赛后还没完全恢复，所以今天我做啦啦队队员，也是超级替补。

据说比赛压力很大，门将说，只要平局就是赢，于是，非常诡异的情节出现了……

他们先是1∶0领先，而后我们3∶1领先，接着因为点球和任意球的缘故，3∶3打平。最后一分钟，因为对规则理解不清，他们任意球直接射门得逞。我们3∶4惜败。

过后总结教训：

1. 进攻是最好的防守。当我们领先两球时，只知道退守，前锋也回防了。于是，他们就全线压上，慢慢进攻，没有后顾之忧。我们没有了进攻，他们也就没有了顾忌，全线压上了。

2. 裁判很重要。很明显，当我们领先时，裁判倾向于他们，于是点球来了，任意球来了，甚至黄牌也来了。

3. 人员很重要。我一直在看，在观摩，连球衣球鞋都没穿。当其他球员因为疲劳，腿抽筋时，我们竟然没球员可上了。我是不得不替补上场，勉强防守。

其实，踢足球和做教育，有太多相类似的地方……

1. 教育也不能墨守成规。数字化时代已然来到，信息技术日新月异，如果教育的思维还停留在知识本位，还停留在死记硬背，那无疑会被扫进历史的"垃圾桶"。就此，无论是关键能力，还是核心素养，我们都必须用智慧应对，因为以人为发展核心的教育思想，无疑是千真万确的。围绕学生的课程改革，我们应该与时俱进，合力攻坚，主动出击。在这里，进攻也就是最好的防守。

2. 教育的考核机制不能乱。考试是指挥棒，学校管理的考核机制影响着学校的发展方向和集中发力点。我们需要稳中求变，在科学考评中不断突破。

3. 教育的可持续性发展依然在教师。人才的力量是显而易见的,我们必须直面现状。没有优秀的老师,没有优秀的班主任,没有敬业的行政领导班子……教育哪里有昨天、今天、明天呢?如同球队,没有优秀的球员,没有精妙的配合,没有科学的组织协调,怎么能够取胜呢?

4. 战略战术很重要,心态很重要。决胜于千里之外,确实很有门道,很有说法。我们需要合力而为,融大家的智慧和资源于一体,方能收获精彩。尤其是学校管理、班级管理、学科教学,都需要不断开动脑筋,积极行动起来方能出成果。

一边生活,一边思考;一边学习,一边提高!

12月3日　　　　　　星期四　　　　　　天气:晴

分

九年级学生,最敏感的是什么话题?我们一般以为是分数,是毕业,是四星级高中,其实不然。

今天的语文作文课上,我在黑板上书写"分",提醒大家以"分"为题,完成一篇作文。

"大家看到分,会想到哪些词?"

"分手……"

"哈哈哈……"

班级成绩最好的男生,情不自禁地脱口而出。

当我们以为他们会首先想到"分数"的时候,原来他们记挂和念想的是青春浪漫的话题。也难怪,谁叫他们处于青春期呢?尤其是初三的学生,更是在情理之中。

怎么办?语文课堂,出现如此尴尬插曲。是充耳不闻,视而不见,还是严厉呵斥,严肃纪律,强调校纪班规,甚至恐吓、威压呢?

我的大脑极速运转起来,怎么处理?精心对待,科学处理,我作了十分钟的主题讲话,既稳定了学生的情绪,又矫正了他们的写作思路。主要是从三个方面分析:

其一,坦然面对。

后　记

"大家似乎对谈恋爱这个话题很感兴趣呀？"

"哈哈……"

不过这个时候的笑声还好。更多的学生在暗地里感叹，眼睛都盯着我。

"同学们，这很正常，黄老师在你们这个年龄也有心中的美丽女神。至于女生心目中有靓男帅哥，尤其是品学兼优的优质男生，也很正常。老师是认同的。"

他们相视一笑，已然平静很多。也许，他们已经大感意外，以为老师会大声呵斥、严厉批评，没想到会是一番说到内心深处的理解和认同。

其二，策略引领。

"同学们，有人会问，老师，为什么学校严格禁止谈恋爱呢？对的，严格禁止，而且有谁胆敢逾越雷池，是要被处分的。为什么呢？是为了同学们的健康成长而作的要求。一方面，你们的心智还不够成熟，你们还远远不能承担谈恋爱要背负的责任和担当。另一方面，你们目前最最重要的任务是学习好、成长好，为今后理想的实现做好优质的铺垫。第三方面，浪漫的恋爱留到浪漫的年龄。你们内心深处保留住对心仪之人的美好感觉，放在心里，就是一件非常美好的事情。但是，如果用行动表露或表达出来，就是对这份美好的亵渎。况且，还会受到老师、家长的批评和责怪，这份美好还会是真的美好吗？真正的浪漫和美好，起码应该在大学阶段发生，这个时候，才有象牙塔里的爱情故事。"

他们的眼睛都盯着我，都在静思，都在聆听。

其三，立意阳光。

"同学们，于写作来说，主题立意是文章的灵魂。青春期的你们的灵魂，一定要阳光，要积极向上。作文的主题和选材，需要的也是如此的基调。分，如果选择分手作为作文的关键词，写作难度确实很大，你们绝大部分同学很难把控。况且，这样的作品也很难得到老师的理解和认同。因此，大家要慎重，尤其是在重要的写作中，要特别注意主题和素材的选择。一般情况下，谁也不愿意和思想'灰色'的人打交道。读作品，也是读心声……"

他们听得非常仔细、非常认真，或许对他们的初中，甚至高中生涯都会有影响。十分钟,可能会影响学生的情感态度价值观,很值。将思政教育恰到好处地融入常态的教学环节中,抓住教育契机,使讲课富有趣味,意义也相当深远。

教师是人类灵魂的工程师——不容易,不简单,不寻常。教师发展不易,学校发展不易。尤其是在"双减提质"的背景之下,我们的学生如何才能成长得更好、更健康、更幸福,考量着所有关心教育的和正在做教育的人的智慧和能力。特别是操作层面的理论和方法,如何更科学、更合理、更有成效?思考不断,实践不断,提升不断。纵观学校内部的方方面面,关注各个维度的发展细节,我们一直在探究卓越教育的路上。